Money
Monnaie
Monnaies

©2021. EDICO
Édition : JDH Éditions
77600 Bussy-Saint-Georges. France
Imprimé par BoD – Books on Demand, Norderstedt, Allemagne

Illustration et conception couverture : Cynthia Skorupa

ISBN : 978-2-38127-130-9
Dépôt légal : mars 2021

Le Code de la propriété intellectuelle n'autorisant, aux termes de l'article L.122-5.2° et 3°a, d'une part, que les copies ou reproductions strictement réservées à l'usage privé du copiste et non destinées à une utilisation collective , et d'autre part, que les analyses et les courtes citations dans un but d'exemple et d'illustration, toute représentation ou reproduction intégrale ou partielle faite sans le consentement de l'auteur ou ses ayants droit ou ayants cause est illicite (art. L. 122-4).
Cette représentation ou reproduction, par quelque procédé que ce soit constituerait une contrefaçon sanctionnée par les articles L. 335-2 et suivants du Code de la propriété intellectuelle.

Simone Wapler

Money
Monnaie
Monnaies

**Du sumérien au bitcoin :
dettes et crises monétaires**

JDH Éditions
Les Pros de l'Éco
Documents et révélations

De la même auteure :

Non, l'État ne nous protège plus !
JDH Éditions, 2020

La rage de l'impôt
Larousse, 2019

La fabrique de pauvres : comment ne pas vous faire prendre dans l'engrenage
Ixelles Éditions, 2015

Pouvez-vous faire confiance à votre banque ?
Ixelles Éditions, 2014

Comment l'État va faire main basse sur votre argent et ce que vous devez faire pour vous en sortir
Ixelles Éditions, 2013

Pourquoi la France va faire faillite et ce que vous devez faire pour en sortir
Ixelles Éditions, 2012

Remerciements

Merci à tous ceux qui m'ont aidée dans cette entreprise pour retrouver et exposer un capital oublié de sagesse monétaire.

Les patients lecteurs cobayes
Ceux de ma famille : Emmanuel, Louis, Pauline.
Et tous les autres : Caroline S., Nicolas P., Thierry B., Yannick C.
Leurs remarques m'ont permis de progresser par étapes dans ce projet.

La conseillère en histoire sérieuse
Merci à Cécile Chevré d'avoir passé son filtre critique d'historienne sur certains points. Cher lecteur, vous lui devez quelques brèves, bien troussées avec la rigueur et la touche d'humour qui la caractérisent.

L'illustrateur
Philippe Tastet (www.philippetastet.com). C'est à lui que vous devez les dessins humoristiques relatifs au bitcoin, dessins faits lors d'une conférence organisée par l'association Savoir et Action (www.bitcoin-biarritz-2018.savoiretaction.eu).

De Sumer au Bitcoin

Histoire des systèmes monétaires pour vous préparer à la prochaine crise

Le monde est noyé sous les dettes et une nouvelle crise économique et financière couve. « Il y a trop de dettes » est devenu un constat banal.

On entend moins déplorer qu'il y a « trop de crédits », pourtant l'envers de la dette, c'est bien le crédit. L'un ne peut exister sans l'autre : à un actif correspond un passif, à un débit correspond un crédit.

Au mépris d'une histoire multimillénaire, notre époque moderne se veut une exception à trois titres :

– Des taux d'intérêt nuls ou mêmes négatifs permettent d'emprunter gratuitement ou même d'être payé par celui qui vous prête. Leur existence nie la valeur temps alors que nous sommes tous mortels.

– Le crédit infini et gratuit n'a jamais été possible par le passé comme tentent de le faire croire les banquiers centraux et l'industrie financière actuelle.

– Les générations futures n'ont jamais accepté d'endosser les dettes de leurs aînés. L'Histoire montre que les réparations de guerre trop lourdes sont les ferments de la guerre suivante, le débiteur n'ayant d'autre issue que d'attaquer son créditeur.

Mais peut-être que finalement, la croyance la plus absurde est que l'apurement des comptes se fera sans dégât puisque « *tout le monde doit quelque chose à tout le monde, n'est-ce pas ?* ».

Le bitcoin, récente innovation monétaire, se veut une tentative moderne de limitation du crédit et donc de la dette. Il s'agit d'une monnaie immatérielle, disponible en quantité limitée dont la gestion par la blockchain est décentralisée et échappe au contrôle des banques centrales. Son créateur l'a conçue pour « *échapper au risque d'inflation arbitraire des devises centralisées* ».

Alors que la dette, la finance et l'économie ont pris une place sans précédent dans notre quotidien, presque personne ne sait comment fonctionne vraiment le système monétaire et financier actuel.

Si vous énoncez que la monnaie du XXIe siècle est presque exclusivement du crédit, que les banques prêtent de l'argent qui n'existe pas et ne leur coûte rien, vous passez pour un hurluberlu. Pourtant, c'est exact.

Ce n'est qu'en ayant une idée du passé qu'on peut prendre la mesure de la crise monétaire et financière qui nous attend ; prendre la mesure de ce que pourrait apporter une tentative moderne d'échapper à l'esclavage de la dette sur laquelle reposent les devises officielles en circulation.

Le passé nous montre aussi que la monnaie matérielle, celle qui est une marchandise, s'est toujours montrée supérieure dans le temps à la monnaie immatérielle.

Il est important que chacun comprenne les enjeux de la dette, du crédit et de la monnaie. Certes, l'argent ne fait pas le bonheur. Mais si ce n'est pas une condition suffisante à notre bonheur, vous conviendrez que c'est, au moins, une condition nécessaire pour ne pas être misérable.

Connaître ces enjeux est aussi indispensable pour comprendre le monde dans lequel nous vivons, les décisions qui sont prises par votre conseiller bancaire, votre ministre de l'économie et des finances, votre banquier central et même le FMI.

Découvrir l'histoire monétaire et financière, c'est se souvenir que toutes les bêtises ont déjà été faites par le passé, mais que notre époque est capable de les mener à des degrés encore jamais atteints.

C'est aussi découvrir que le principe sur lequel reposent les cryptomonnaies pourrait être porteur d'une révolution potentielle : briser le lien entre la monnaie et l'État pour que la monnaie même immatérielle serve ses utilisateurs et non pas le pouvoir en place.

C'est enfin se préparer sereinement à affronter la plus grave crise monétaire de tous les temps, car elle sera généralisée et aucune grande devise ne devrait en réchapper.

Ce livre a donc un parti pris utilitaire, ce n'est pas un ouvrage pour doctes amateurs d'histoire ou numismates avertis. Ce qui a été fait par le passé ne doit pas être oublié aujourd'hui, car aujourd'hui n'est pas différent d'hier et les erreurs finissent toujours par se payer comptant.

Si l'existence de taux d'intérêt négatifs ne vous chiffonne pas, tant mieux. Si cela vous intrigue et que vous flairez une embrouille, ce livre est fait pour vous.

PREMIÈRE PARTIE

30 siècles de construction monétaire

CHAPITRE 1

Au commencement étaient le troc et le crédit donc la dette

Le troc a probablement permis aux premiers humains d'échanger mais pas de commercer de façon étendue.

Certes, on retrouve que certaines marchandises telles que l'obsidienne ou l'ambre ont parcouru des milliers de kilomètres dès la Préhistoire, mais les autres traces archéologiques montrent que ces échanges restaient restreints.

Même dans de petites communautés, le troc trouve vite ses limites. Un cuissot de bison contre un silex, certes... mais si j'ai plutôt besoin de sel pour conserver ma viande ? Et si celui qui a du sel ne veut pas de mon silex ? Le silex prend-il plus de temps et d'énergie à tailler que le bison à être tué ou le sel à être ramassé ? La chasse au bison est évidemment plus risquée que la découverte du sel. Comment déterminer les bons rapports de valeur entre silex-sel-bison ?

Le troc devient vite un casse-tête inextricable. D'où le besoin d'un système facilitant les échanges.

Dans les petites communautés, la dette (le crédit) peut faire l'affaire.

Imaginons…

« *Crojoli a livré une panoplie de silex aujourd'hui à Cromignon.*
En contrepartie, Cromignon doit un cuissot de bison par mois durant deux ans à Crojoli ou à sa descendance.
Accord signé ce jour devant Cromajeur, chef d'Eyzies-de-Tayac et de ses alentours. »

Peinture rupestre précolombienne

Crédit : Parque Estadual Biribiri, Paulo Robson de Souza

Selon cet accord, Cromignon a une dette de silex qu'il remboursera à Crojoli en livraisons de bison échelonnées dans le temps. Crojoli lui a fait crédit et Cromajeur, le grand chef, est témoin. La première monnaie était surtout du crédit (de la dette), comme l'attestent de multiples traces archéologiques[1].

Si le moyen d'échange est un crédit – dont l'envers est une dette – lorsque la communauté grandit, une supervision devient rapidement nécessaire. Une autorité supérieure, agréée par le prêteur et l'emprunteur, va tenir à jour les registres de dette, d'où le rôle important de Cromajeur.

De nos jours aussi, notre moyen d'échange est surtout du crédit et donc une dette. Les paiements dématérialisés font reculer l'usage des pièces et billets et augmentent le contrôle des transactions qui passent par plusieurs tiers (la banque du vendeur, celle de l'acheteur et la banque centrale). Votre solde créditeur en banque est consigné dans la comptabilité de votre banque qui reconnaît vous devoir cet argent. Une autorité supérieure, la banque centrale européenne, contrôle la comptabilité de votre banque. Les moyens ont changé, mais le principe reste le même.

Première tentative de « monnaie-marchandise »

Pourquoi passe-t-on du troc à la monnaie et comment ?

---

[1] Le lecteur curieux pourra se reporter à l'amusant livre du militant anarchiste et figure de proue du mouvement Occupy Wall Street, David Graeber : Dette – 5 000 ans d'histoire.

D'abord, le troc devient vite compliqué pour s'assurer d'équivalences (combien de cuissots de bison pour 1 silex). Ensuite, le crédit se heurte vite au problème du « tiers de confiance », de l'autorité qui certifie la dette et le crédit.

Les hommes de la préhistoire faisaient plus qu'échanger sur de courtes distances. Des preuves archéologiques, comme la présence d'obsidienne, de coquillages ou d'ambre à des milliers de kilomètres de leur lieu d'origine, illustrent l'existence de voies d'échanges ou « commerciales » sur de longues distances.

L'obsidienne, verre noir d'origine volcanique, permet la création d'objets au tranchant affûté, mais aussi de « beaux » objets, de prestige. Cette matière a été recherchée dès le Mésolithique et surtout à partir du Néolithique (-8 000 ans avant J.-C.). L'obsidienne extraite d'Anatolie (dans la région de l'actuelle Turquie), de Sardaigne, des îles Éoliennes ou encore d'Éthiopie a été retrouvée dans des sites tout autour de la Méditerranée, parfois distants de plus d'un millier de kilomètres du volcan d'origine. Ainsi, des lames provenant du gisement de l'île Éolienne de Lipari ont été retrouvées de la Tunisie jusqu'au nord de l'Espagne.

Ces objets pouvaient être transportés sur des milliers de kilomètres par les mêmes hommes. Ils pouvaient encore être échangés, sur de petites distances, de proche en proche, par exemple par des tailleurs-colporteurs capables de créer des lames d'obsidienne à la demande. Dès 5 000 ans avant J.-C., on voit apparaître, non loin des gisements et des ateliers de production de lames d'obsidienne, des objets très standardisés, retrouvés de plus en plus loin de leur site d'extraction, et de plus en plus à l'intérieur des terres.

L'obsidienne finit par perdre de sa valeur d'échange à la fin du Néolithique (seconde partie du IIIe millénaire av. J.-C.), remplacée par les objets et les lames en cuivre qui vont, eux aussi, parcourir des milliers de kilomètres.

Les remarquables distances parcourues par l'obsidienne font-elles de cette roche la première marchandise d'échange intermédiaire ? Peut-on affirmer qu'il s'agit d'un début de monnaie ? Faute de trace écrite, il est difficile de trancher. Mais on peut conclure que des essais de monnaie-marchandise ont très tôt tenté de remplacer le troc ou la dette.

Apparition de l'argent

Avec la dette, le problème de cette autorité supérieure – sorcier, scribe, chef, souverain ou autre – est qu'elle ne contrôle qu'un territoire limité. Pour contracter un échange, les deux parties doivent aller la trouver, ce qui prend du temps.

Nos ancêtres ont donc réfléchi à une autre solution et ont conclu qu'une marchandise fractionnable sur laquelle un grand nombre de gens s'accordent pouvait permettre d'échanger. Dit autrement : une monnaie plutôt qu'un système crédit-dette.

Notons que nos ancêtres raisonnaient largement aussi bien que nous-mêmes sans ordinateur et sans Internet[2], voire mieux ! Leurs réflexions sur la monnaie sont nettement plus pertinentes que les milliers de pages des accords de *Bâle 3* en Europe ou du *Dodd Frank Act* aux États-Unis, textes censés réguler de nos jours la création de monnaie (sous forme de crédit) par les banques commerciales. Nos ancêtres avaient même trouvé, comme nous le verrons bientôt, des solutions pragmatiques pour éviter un surendettement généralisé. Mais cela ne les dissuadait pas de rechercher une monnaie d'échange. La monnaie marchandise présente l'avantage sur les registres de dettes de pouvoir se passer d'une « autorité de tutelle ».

Après divers tâtonnements (céréales, bétails, sel, coquillages, pierres taillées ou pierres fines...), au cours du IIIe millénaire av. J.-C., les premiers poids d'argent – les shekels – utilisés comme « monnaies » apparaissent dans le sud de la Mésopotamie, région que l'on appelle Sumer...

---

[2] Selon la thèse du professeur Gerald Crabtree, généticien et chercheur à Stanford, l'intelligence humaine aurait atteint son apogée au temps de la sagesse grecque. Depuis lors, notre intelligence intellectuelle et émotionnelle déclinerait.

Innovation géniale que la monnaie métallique pour remplacer le crédit (et la dette) dans les échanges !

Comme vous pouvez le constater quotidiennement, l'économie consiste à échanger quelque chose contre autre chose.

Chacun s'efforce d'échanger ce qu'il fait de mieux contre quelque chose que quelqu'un d'autre fait mieux. C'est ainsi que des accords gagnant-gagnant se nouent, parce qu'acheteur et vendeur y trouvent leur compte.

« *Crojoli est plus doué pour tailler les silex que Cromignon.*
Cromignon, lui, est plus doué pour chasser que Crojoli.
C'est pour cela qu'ils contractent. Chacun y trouve son intérêt.

Si Cromigon paie comptant ses silex en monnaie, Crojoli peut conserver cette monnaie et négocier autre chose que des cuissots de bison qu'il trouve de plus en plus indigestes.

Crojoli et Cromignon n'ont plus besoin d'aller trouver Cromajeur, le sorcier, dans sa grotte sacrée pour être témoin de la transaction.

Cromajeur n'a plus besoin de s'user à tenir une comptabilité, mettre des encoches sur des bouts de bois ou graver des pierres. Il peut se consacrer, en tant que grand sorcier, à développer des rites funéraires sophistiqués. »

La monnaie permet d'échanger quelque chose contre autre chose en rendant les échanges bien plus fluides. Elle est au cœur de l'économie. Plus encore, elle est au carrefour de l'économie, de la politique et de la vie sociale.

Il y a désormais depuis Sumer trois façons d'échanger : le troc, un système crédit-dette, une monnaie-marchandise.

Économie

Échange Commerce Négoce

| Quelque chose | <-> | Autre chose |

Troc

Promesse de payer
Crédit - Dette
Tenue de registres

| Quelque chose | <- Monnaie-marchandise -> | Autre chose |

Si vous définissez l'économie comme la façon d'organiser les échanges, vous chiffonnez de nombreux économistes qui retiennent comme définition « l'emploi des ressources ».

C'est effectivement la définition de 99 % des universitaires, reprise dans la plupart des manuels. Voici un exemple typique[3] :

« *L'économie (du grec oïkos, maison, et nomos, administrer) est la science sociale qui étudie comment les ressources rares sont employées pour la satisfaction des besoins des hommes vivant en société. L'objet de l'économie est de répondre au problème : "Comment faire au mieux avec ce dont on dispose ?"* »

Ce qui est gênant ici est l'expression « ressources rares ». De l'eau, du pain, un journal… ne sont pas des « ressources rares ».

C'est pour cette raison que l'École autrichienne d'économie (celle du prix Nobel Hayek ou de von Mises, etc.) ne retient pas cette définition. Une telle approche conduit souvent à de l'ingénierie sociale, au constructivisme ou à l'interventionnisme. Pour un gouvernement zélé et empressé, la moindre chose peut devenir une ressource rare et justifier qu'il s'en occupe avec ses moyens préférés : taxation, subven-

---

[3] https://www.wikiberal.org/wiki/%C3%89conomie

tion, contrôle des prix, protectionnisme… On l'a encore vu en France en 2020 avec l'épidémie de coronavirus et les carences de masques, de gel, de test et même de vaccins.

Les économistes de l'école autrichienne préfèrent donc parler de l'étude des échanges, ce que Friedrich Hayek baptisera « catallactique ». Avouons-le, ce mot ne connut pas un succès extraordinaire en français.

Dans ce qui suit, j'ai cependant choisi de m'appuyer sur cette définition qui est d'ailleurs très antérieure à l'avènement de la « science » économique.

Dans une économie libre, on échange donc quelque chose contre autre chose, et on échange parce que les deux parties y trouvent leur intérêt.

Le boulanger n'allume pas son four avant l'aube mû par un sentiment altruiste et un grand souci du bien commun. Son premier client du matin ne lui fait pas la charité. L'acheteur de pain préfère la baguette chaude du boulanger plutôt que de la faire lui-même. Le boulanger satisfait ses clients, y trouve son compte et gagne bien sa vie.

La monnaie encourage la spécialisation, simplifie les échanges et participe à leur fluidité.

De multiples essais de marchandises furent donc tentés comme en atteste l'archéologie.

L'obsidienne, les coquillages, c'est bien beau (les cauris seront d'ailleurs utilisés comme monnaie en Chine de 2 000 avant J.-C. jusqu'à l'époque de Marco Polo[4]), mais le métal, c'est mieux. C'est plus résistant et cela peut se subdiviser facilement, on peut parcourir de grande distance, il peut faire froid ou chaud, pleuvoir ou neiger sans que le métal soit altéré.

Les métaux précieux, et en tout premier lieu l'argent, se sont donc progressivement fait une place, de choix, dans les échanges commerciaux comme monnaie marchandise.

L'argent-métal, monnaie anonyme, s'est ainsi imposé par l'usage, de façon empirique, quelque 3 000 ans avant J.-C., à Sumer. C'est la grande puissance de l'époque, située au nord-est du golfe Persique, dans laquelle coulent le Tigre et l'Euphrate.

L'or est à cette époque connu, bien sûr. Il vaut environ 60 fois plus cher que l'argent, car il est encore plus rare. Mais c'est l'argent qui est finalement adopté comme monnaie durant la troisième dynastie d'Ur (2112–2004 av. J.-C.). Ce métal était suffisamment reconnu et abondant, mais aussi suffisamment rare pour avoir une valeur intrinsèque.

L'argent, en tant que monnaie, connut un bel avenir. Le denier de l'Empire romain était d'argent. Ce

---

[4] https://www.pourlascience.fr/sd/anthropologie/les-monnaies-coquillages-lor-des-mers-2231.php

métal resta la monnaie privilégiée d'une partie de l'Europe durant bien longtemps : la livre sterling était frappée en argent ; le thaler d'argent fut la monnaie des pays germaniques jusqu'au XIXe siècle, le mot « dollar » en dérive et les premiers dollars étaient eux aussi en argent. En français, « argent » signifie « monnaie ».

En parallèle de ce système prémonétaire reposant sur le métal a émergé l'une des plus grandes inventions de l'Histoire de l'humanité : l'écriture. C'est important, parce que les liens entre dettes (tenues de comptes) et écriture sont forts.

Aujourd'hui encore, écriture et monnaie ont toujours un lien très étroit. Songez qu'actuellement, les sommes colossales de crédit (donc de dette) sont gérées par de l'écriture informatique, gravées dans les mémoires d'ordinateurs disséminés partout dans le monde et pouvant communiquer quasi instantanément.

Les bons comptes font les bonnes écritures ou l'inverse ?

De nombreux vestiges préhistoriques semblent relatifs à la comptabilité. Une codification de l'écrit permet encore de simplifier la tenue des comptes. Pour enregistrer les transactions, tout devient plus simple s'il existe une unité de compte.

Les liens sont forts entre calcul, compatibilité, contrats et naissance de l'écriture. De même qu'entre la pratique des jetons comptables, appelés « calculi », et celle de l'écriture.

Ces *calculi*, qui apparaissent en Mésopotamie dès le Néolithique, permettent de symboliser les biens – personnes, animaux, produits agricoles ou encore objets – que l'on veut comptabiliser.

Pour conclure des contrats mais aussi pour vérifier des transactions, ces jetons sont, dans la seconde moitié du IVe millénaire avant J.-C., enfermés dans des bulles d'argile sur lesquelles est apposé le sceau – la signature – d'une autorité intermédiaire qui sert de garant. On pourrait dire un notaire de l'époque.

Progressivement, les biens échangés sont aussi inscrits sur les bulles-contrats pour permettre d'en rappeler le contenu sans avoir à la briser. Puis les bulles d'argile disparaissent, et presque au même moment, se propagent les tablettes d'argile qui dès lors deviendront le support privilégié de l'écriture en Mésopotamie.

Peut-on dire que c'est la comptabilité et ses *calculi* qui ont engendré l'écriture ? Les recherches les plus récentes ont remis cette thèse en doute, mais reste que l'écriture a repris la fonction jusque-là endossée par ces jetons.

L'écriture apparaît dans la ville d'Uruk, vers 3 300 avant notre ère. Les premiers textes retrouvés sont par ailleurs essentiellement comptables, et les Mésopotamiens s'avèrent de grands producteurs d'archives comptables et de contrats en tous genres.

Les bulles-contrats sont aussi une solution aux questions de confidentialité et d'authentification. Si un *geek* des cryptomonnaies vous parle un jour de registre ou *ledger* ou encore de blockchain dans l'organisation du bitcoin, imaginez des bulles-contrats en argile qui seraient enchaînées les unes aux autres par un lien d'argile comportant un sceau.

Tablette archaïque du niveau 3 d'Uruk gravée d'informations administratives et comptables

Crédit : Wikicommons

Monnaie et système de crédit-dette coexistent après l'apparition du shekel, les scribes consignent des dettes qui sont désormais exprimées en shekel ; le shekel devient donc ainsi une unité de compte.

L'autorité du scribe étant limitée dans l'espace, hors du champ d'action de ce « tiers de confiance », pour commercer loin avec votre caravane, il vous fallait de l'argent métal.

La transaction en shekels peut être anonyme. Celui qui reçoit le shekel ne sait pas qui vous êtes ; le shekel n'ayant pas de frappe, de poinçon d'identification, votre acheteur ne sait même pas d'où vous venez. Il sait simplement qu'il a obtenu un certain poids d'argent en contrepartie de ce qu'il échange.

Voici donc à quoi ressemblait le système monétaire et financier il y a quelques 5 000 ans : de l'argent métal et des registres de dettes tenus par des scribes qui comptaient en unité d'argent, le shekel. Les scribes tenaient aussi une comptabilité pour recouvrer les impôts, car qui dit dynastie dit aussi taxes et administration...

Finalement, ce n'était pas très différent de notre époque. Nous avons de la monnaie (pièces et billets) et des enregistrements comptables sur notre compte en banque. Les registres de dette sont désormais tenus par des banquiers et des banquiers centraux ; un nombreux personnel administratif s'assure de la bonne tenue de ces registres[5].

Cependant, un problème ne tarde pas à surgir... Le crédit, c'est bien, mais l'envers, c'est la dette. Une

---

[5] Selon les comptes annuels 2017 de la BCE, 3 384 personnes y travaillent.

dette se rembourse. Les autorités peuvent consigner des échanges, mais elles ne savent pas si le débiteur pourra payer. En principe, c'est au vendeur de s'assurer que son acheteur aura les moyens de payer. S'il ne veut pas faire ce travail, il endosse un risque. Mais la nature humaine est ce qu'elle est et trop d'optimisme peut conduire au surendettement. Cela était déjà vrai il y a 3 000 ans avant J.-C., comme lors de la crise financière de 2008 et, comme nous le verrons à nouveau, probablement dans un avenir proche.

Souvenons-nous qu'en 2008, trop de crédit dit *subprime* avait été accordé à des gens qui n'avaient pas les moyens de rembourser. Les vendeurs de crédit, les banques, ne faisaient pas leur travail d'enquête. Les banques se sont mises en danger et certaines détenaient des dépôts qui auraient pu être engloutis dans leur faillite. D'où la crise financière.

Ce problème de surendettement – qui est possible lorsque la monnaie n'est pas une marchandise – n'est pas nouveau. Nos ancêtres ont donc tenté d'y remédier.

La première limitation de la dette

Nous voilà arrivés en 1750 avant J.-C. Au nord-ouest de l'Empire sumérien se trouve Babylone, cité sur laquelle règne Hammurabi, grand conquérant de l'époque. Hammurabi promulgua un des premiers textes législatifs de l'Histoire. Lorsque ce Code voit le jour, la monnaie – qui existe en parallèle du crédit – repose toujours sur les shekels d'argent. Hammurabi établit des règles régissant le crédit, la dette et... le sort des mauvais payeurs !

Cette loi s'apparente à une *common law*, c'est-à-dire un recueil de décisions constituant une jurisprudence dont on dégage des règles. C'est un principe différent du droit français qui s'appuie sur des règles écrites une bonne fois pour toutes et supposées prévoir tous les cas possibles. Le Code d'Hammurabi est gravé sur une seule stèle.

Partie supérieure de la stèle du Code d'Hammurabi figurant au Musée du Louvre à Paris

Crédit : Wikicommons

Article 117 du Code d'Hammurabi :
« *Si quiconque omet d'honorer une créance pour dette, et se vend lui-même, sa femme, son fils et sa fille contre de l'argent ou les donne au travail forcé, ils travailleront pendant trois ans chez celui qui les a achetés, et seront libérés la quatrième année.* »

Ce que vous lisez est une révolution.
Une remise à zéro de la dette est prévue après trois ans d'esclavage.

Autrement dit, **la capacité d'endettement est limitée à environ trois années de capacité de travail d'une famille.**

Le montant de dettes (des crédits) est désormais plafonné par la loi.

C'est un point très important. Déjà, 1 750 ans avant J.-C., on avait compris que le crédit infini n'était pas possible. Pour limiter le crédit, l'esclavage des mauvais payeurs est donc limité dans le temps.

Si le prêteur estime que le prêt demandé excède les capacités de travail de l'emprunteur et de sa famille durant trois ans, il n'a plus de garantie. Il va donc refuser de prêter.

Une autre coutume de régulation du crédit était fréquente parmi les souverains mésopotamiens au tournant du IIIe et du IIe millénaire avant notre ère : celle du *mišarum*.

Commission de surendettement du IIe millénaire av. J.-C.

Il y a plus de quatre mille ans, des commissions de surendettement existaient tout comme aujourd'hui[6].

Au cours de l'époque paléobabylonienne (2004–1595 av. J.-C.), le crédit a pris une place croissante dans l'économie mésopotamienne. Les marchands s'endettaient pour monter des expéditions commerciales, les riches citoyens s'endettaient pour financer des œuvres de bienfaisance ou faire l'acquisition de terrains, les paysans s'endettaient pour faire quelques achats avant d'avoir pu vendre leurs récoltes...

La contrepartie de ces emprunts était loin d'être anodine : l'emprunteur dépassé par ses dettes risquait de perdre ses biens, mais aussi sa liberté et celle de sa famille. Pour les prêteurs, ces crédits sont donc une opération au risque limité : ils permettent, en cas d'incapacité de l'emprunteur à faire face à ses obligations, de mettre la main sur des biens, des terres... et une main-d'œuvre gratuite.

---

[6] Pour mémoire, en France, à fin 2019, il y avait 143 060 dossiers en commission de surendettement pour un montant moyen de 44 947 €.

À la fin de la période paléobabylonienne, le crédit était devenu endémique – des milliers de contrats d'emprunt inscrits sur tablettes qui nous sont parvenus en sont la preuve – et risquait de déstabiliser l'ordre social. Le pouvoir royal a donc dû intervenir, et pour cela mit en œuvre un outil politique : la *mišarum*.

La *mišarum*, qui peut se traduire par « justice via la restauration de l'équité », permettait une rémission des dettes – non seulement sur les biens mais aussi sur les personnes. En clair, la *mišarum* permettait de libérer les débiteurs de leurs arriérés, mais aussi de rendre leur liberté à ceux qui avaient été réduits en esclavage pour dette. Une pratique qui va faire florès…

Au début de la période paléobabylonienne, les proclamations de *mišarum* étaient des évènements exceptionnels, destinés à célébrer, par exemple, l'accession au trône d'un nouveau souverain. Mais progressivement, d'exceptionnelles, ces *mišarum* sont devenues fréquentes. Ainsi, le roi de Babylone, Hammurabi, qui régna entre 1792 et 1750 av. J.-C., en a proclamé quatre au cours de son règne de quarante-deux ans – preuve que le pouvoir royal tentait de maîtriser la croissance du crédit, mais aussi de maintenir l'ordre social.

Les prêteurs se sont adaptés à la multiplication de ces rémissions en précisant dans les contrats négociés peu avant une proclamation de *mišarum* que le crédit ne serait effectif qu'*après* la remise à zéro des compteurs de dettes.

Il semble que le nombre de personnes concernées ait dépassé celles qui dépendaient directement du domaine royal.

Voici un point d'étape à 2 000 ans avant J.-C. Les moyens d'échange étaient donc de l'argent-métal ou de la dette. Dans ce cas, les registres étaient tenus par des autorités supérieures. Assez vite, les autorités ont tenté de limiter la dette (le crédit). En effet, la sanction réservée aux emprunteurs défaillants étant l'esclavage, le surendettement conduisait à la mise en esclavage d'un grand nombre par un tout petit nombre et des troubles sociaux en résultaient.

4 000 ans plus tard, notre système monétaire et financier actuel ne prévoit aucune limitation légale de la dette, contrairement à une sagesse multimillénaire.

Selon l'Institute of International Finance[7], la dette mondiale atteignait 275 000 Mds $ au troisième trimestre 2020.

Tout comme à l'époque paléobabylonienne, sa croissance est inquiétante et l'épidémie de Covid de

---

[7] L'IIF publie trimestriellement un Global Debt Monitor : https://www.iif.com/Research/Capital-Flows-and-Debt/Global-Debt-Monitor

2020 aggrave le problème. La dette des entreprises comme celle des ménages atteint un niveau record dans les pays développés.

La population active dans le monde se monte à 3,27 milliards d'individus, ce qui fait que chaque individu actif porte 78 571 $ de dettes. Cela représente plus de trois années de travail payé au salaire médian dans de nombreux pays.

La folie collective aboutit à des situations inhumaines à titre individuel.

Récemment, les gens se préoccupent un peu plus de la dette, mais vantent souvent les effets positifs du crédit, oubliant que c'est la même chose.

Quand une dette (ou un crédit) est-elle une bonne chose, et quand devient-elle au contraire un boulet ?

N'importe quel individu sait faire la différence. Si j'ai contracté un prêt pour acquérir quelque chose qui me rapporte plus que les intérêts de mon emprunt et qui me laissera à l'échéance un capital identique à celui que j'ai emprunté, ma dette est une bonne chose. Dans le cas contraire, c'est un boulet. Elle prend l'argent du futur, celui que je vais gagner en amputera ma richesse future.

Money Monnaie Monnaies

CHAPITRE 2

Limite de la dette et premières manipulations monétaires

Dès 1 750 avant J.-C., nos ancêtres avaient déjà façonné deux grands principes monétaires :

– Mieux vaut une monnaie marchandise quand on veut commercer loin.
– Lorsque la monnaie marchandise n'est pas utilisée mais que la dette la remplace, il doit y avoir une limite pour éviter les troubles sociaux liés au surendettement.

Sous Hammurabi, les échanges se font en shekels d'argent ou avec du crédit (des dettes) exprimé en shekels. Le montant de dettes (de crédit) ne peut croître à l'infini pour une même famille en vertu de la loi qui prévoit une mise en esclavage d'une durée limitée. Malgré cette précaution, le crédit grandit et les défauts se multiplient, ce qui conduit à pratiquer occasionnellement des remises à zéro des compteurs de dettes.

Les scribes sont les banquiers de l'Antiquité, mais la monnaie d'argent est privée et échappe à leur contrôle. Cette monnaie s'est imposée naturellement pour permettre d'étendre l'espace des échanges possibles sans recourir à un tiers de confiance dont le rayon d'autorité était limité.

Durant les quelques 1 000 années qui suivirent, la pratique de la limitation du crédit va s'institutionnaliser, comme nous allons le voir, puis une innovation notable va se répandre : la première monnaie certifiée par l'État. Cette invention va accélérer la diffusion de la monnaie.

Revenons sur l'innovation géniale que constitua la notion de « monnaie ». Il s'agit concrètement pour la vie quotidienne de quelque chose d'aussi majeur que le feu, la pierre taillée ou l'écriture.

La monnaie – distincte de la dette ou du crédit – est un outil d'échange. L'échange, c'est-à-dire le commerce ou le négoce pratiqué librement et sans contrainte, est source de progrès et de paix. Toute contrainte sur le négoce, au contraire, est liée à une idéologie, à la guerre, à un pouvoir tyrannique. Cette affirmation ne nécessite pas en principe de long développement pour être justifiée.

Imaginez simplement que vous deviez vivre en autarcie sans pouvoir échanger ce que vous faites de mieux contre ce que d'autres font mieux que vous...

À moins que vous ne soyez doué de talents multiples, que vous sachiez aussi bien faire la cuisine que la menuiserie, que calculer ou dessiner, cette perspective n'est pas très réjouissante, n'est-ce pas ?

C'est bien pour cela qu'il y a des pâtissiers et des rôtisseurs, que les pilotes ont une bonne vue et que les accordeurs de piano ne sont pas sourds. Chacun se spécialise en fonction de ses compétences et de ses talents et échange avec d'autres spécialistes.

La spécialisation augmente la productivité et la prospérité[8]. Les échanges favorisent les discussions, les contacts, la vie sociale, la connaissance de l'autre y compris des étrangers et donc la paix.

Évidemment, l'échange doit être contracté librement, car sinon, il n'est pas source de progrès mais de contrainte, de violence et de destruction. L'échange contraint, au lieu d'enrichir, appauvrit.

Si Cromagnon vient avec sa grosse massue ou sa hache vous piquer votre cueillette de champignons parce qu'il en a assez de ne manger que son bison, il n'y a pas de progrès. Il n'y a pas création de richesse.

---

[8] Le lecteur curieux pourra creuser ce point en se familiarisant avec la théorie des avantages comparatifs de l'économiste Ricardo.

30 siècles de construction monétaire

Haches marteaux en roche verte alpine du Néolithique Auvernier et Neuchâtel

Crédit : Wikicommons

Si Cromagnon laisse ses haches dans sa caverne, vient négocier avec vous et vous propose aimablement un peu de bison en échange des champignons et des framboises que vous cueillez, vous pouvez y gagner tous deux une alimentation diversifiée. La diversification n'ira pas toutefois jusqu'à 5 fruits et légumes quotidiens, car les calculs de trocs deviennent alors très compliqués.

Pour contracter un échange libre et sans contrainte, une monnaie honnête est toujours mieux qu'un registre tenu par un scribe, fût-il très scrupuleux, car n'oublions pas que le scribe tient son boulot d'une autorité supérieure à laquelle il est subordonné. Et il doit faire remonter des impôts à son chef.

C'est parce que l'humanité a pu multiplier les accords gagnant-gagnant que nous sommes passés d'une économie de subsistance à une économie d'abondance. C'est un fait qui contredit ceux qui analysent l'économie en termes de lutte des classes ou de richesses finies à répartir. Fort heureusement, Malthus et les tenants de la surpopulation ont eu tort. C'est ainsi qu'aujourd'hui, 7,7 milliards d'individus n'ont plus à redouter de famine (sauf désordres créés de toutes pièces mais indépendants de la productivité agricole).

Reprenons notre schéma de l'économie et les trois possibilités d'échanger : le troc, le système crédit-dette, ou une monnaie marchandise.

Économie

Échange Commerce Négoce

| **Quelque chose** | <-> | **Autre chose** |

Troc

Promesse de payer
Crédit - Dette
Tenue de registres

| Quelque chose | <- **Monnaie-marchandise** -> | Autre chose |

La monnaie, comme le shekel d'argent, est elle-même quelque chose de concret et non une simple promesse ou reconnaissance de dette. Parmi ces trois façons d'échanger, la monnaie-marchandise est bien plus efficace que le troc ou le système de crédit-dette.

La monnaie n'est pas sortie du cerveau d'un grand planificateur ou d'un scribe génial. Nulle trace d'écrit promulguant autoritairement une monnaie. Les shekels d'argent ont émergé naturellement, par l'usage à une période où diverses monnaies privées étaient en concurrence.

La généralisation des monnaies métalliques

Quand l'usage de la monnaie métallique a-t-il vraiment commencé à se répandre ? Probablement un millier d'années avant J.-C., comme en témoignent des pièces frappées en plomb, cuivre, argent et or en Europe, en Asie et en Afrique du Nord[9].

À partir de cette époque, on avait donc le choix :

– Soit les échanges se réglaient en monnaie.

---

[9] *When Did People Start Using Money ?*, Chapurukha Kusimba, American University.

– Soit passer par un système crédit-dette dont l'unité de compte était un poids d'argent consigné sur un registre tenu par une autorité.

Ô lecteur attentif, retenez ce rôle capital du *registre* qui est centralisé par une autorité. Nous aurons l'occasion d'en reparler en abordant les « registres » ou *ledgers* du Bitcoin, qui apparaîtront des milliers d'années plus tard. Mais ne grillons pas les étapes…

Évidemment, le scribe, grand-prêtre, fonctionnaire habilité, etc., était d'une probité parfaite et il ne falsifiait pas ses registres. Sauf… Sauf, naturellement, dans tous les cas où une autorité supérieure le lui demandait de façon très pressante : en le menaçant de destitution, bannissement, galère, esclavage, torture. Après tout, charité bien ordonnée commence par soi-même, et le service public rendu par le scribe pouvait s'effacer au profit de son intérêt privé.

Aujourd'hui, quand un banquier central modifie un registre de dettes en faisant surgir des milliers de milliards de crédits gratuits au bénéfice de quelques-uns, comme nous le verrons plus tard, c'est pour notre bien à tous, nous dit-on.

N'en croyez rien, jamais dans l'Histoire ce genre de malversations ne se fait jamais dans l'intérêt de chacun. Elles se font toujours dans l'intérêt de l'élite et du pouvoir en place. Les fonctionnaires qui s'y livrent, parfois contraints et forcés mais souvent coopératifs, pensent avant tout à sauver leur poste.

De l'inutilité en tant que vertu monétaire

L'argent et dans une certaine mesure l'or – métaux rares et inutiles – s'imposent par l'usage comme monnaies et unités de compte.

Inutiles ? Ce qualificatif peut nous paraître à première vue paradoxal, mais l'inutilité est un bon critère pour une monnaie. Des essais préalables de monnaies ont utilisé des grains de céréales. Dans ce cas, la thésaurisation ou la spéculation pourraient mener à la famine. En revanche, si les gens veulent thésauriser un bien qui n'est pas de première nécessité, l'économie n'est pas en manque, les échanges ne sont pas entravés. L'argent et l'or étaient des métaux inutiles par rapport au fer, au cuivre ou à l'étain. L'accumulation est donc sans conséquence. Ce ne serait pas le cas avec un métal comme le cuivre ou avec les céréales. Deuxième qualité : la rareté garantit que la monnaie corresponde à un effort, une preuve de travail.

La monnaie manque ? Il ne suffit pas d'appuyer sur un bouton pour faire surgir une ligne de crédit ou imprimer des liasses de billets de banque. Il faut prospecter, gratter le sol, le creuser, fondre pour obtenir un métal pur.

Rareté et inutilité sont deux caractéristiques importantes pour des monnaies-marchandises.

Toutefois, malgré l'invention de la monnaie et sa diffusion progressive, le crédit reste un moyen d'échange très important.

Ce système paléobabylonien de crédit va progresser. La pratique de remise de dette va devenir non plus aléatoire et déclenchée au bon gré d'un souverain, mais strictement codifiée.

Le jubilé : une règle simple et inflexible

Le Code d'Hammurabi prévoyait une durée d'esclavage limitée pour les mauvais payeurs et pratiquait occasionnellement le mišarum pour effacer les dettes. Puisque la durée de vie et la capacité de travail d'un être humain sont limitées, ces précautions garantissaient une certaine paix sociale.

Les Hébreux ont plus formellement institutionnalisé cette rémission des dettes. Ils instaurent un « jubilé » tous les 50 ans. Cette durée correspond à des chiffres symboliques, les années sabbatiques revenant tous les 7 ans. Cette pratique est inscrite dans le *Lévitique*[10], le troisième des cinq livres qui constituent la Torah.

---

[10] *Lévitique*, 25.8-13 et suivants : « Tu compteras 7 années sabbatiques, 7 fois 7 ans, c'est-à-dire 49 ans. (...) Vous ferez de cette cinquantième année une année sainte, vous proclamerez la liberté dans le pays pour tous ses habitants. Ce sera pour vous le jubilé : chacun de vous retournera dans sa propriété et dans son clan. » Le *Lévitique* a été écrit entre 1440 et 1400 avant J.-C.

Le jubilé se reproduit donc périodiquement, tous les 7 x 7 ans et au 7e mois de la dernière année.

Toutes les dettes sont alors remises : les esclaves et prisonniers libérés, les terres hypothéquées ou saisies rendues à leurs propriétaires.

On peut imaginer que les prêteurs se faisaient rares peu de temps avant le jubilé. Inversement, les emprunteurs ne devaient pas se bousculer juste après un jubilé sachant que s'ils ne payaient pas, ils risquaient d'être pourchassés durant les quarante-neuf ans à venir, donc leur vie durant.

Un économiste moderne dirait que le jubilé régulait le cycle du crédit. Cette façon était certes artificielle et arbitraire, mais au moins, elle existait, elle était simple et n'importe qui pouvait comprendre.

Nul besoin de grand planificateur ou de banquier central réputé omniscient pour réguler le cycle du crédit comme nous prétendons le faire de nos jours. Une règle simple, immuable, prévisible, connue de tous et appliquée à tous suffisait.

Première monnaie souveraine

Nous voilà arrivés en 560 avant J.-C. Le fourmillement des « monnaies privées » d'argent puis d'or soulève un problème.

Rigoureusement pour les puristes, il s'agit d'ailleurs de « poids » et non de « monnaies ». Celui qui accepte ces « poids » en règlement d'une transaction doit pouvoir les vérifier et les comparer. Il faut en mesurer la masse et la pureté du métal, réaliser des conversions parfois complexes. Ceci ralentit les échanges.

Les caravanes et les mercenaires, payés en monnaie, contribuaient à diffuser ces « poids » au rythme de leurs déplacements. Certaines monnaies de grands marchands ou de pirates étaient réputées et bien acceptées, d'autres moins connues et circulant plus rarement laissaient marchands ou mercenaires perplexes.

Entre en scène Alyattès II, roi de Lydie et père de Crésus. Son royaume est situé dans la Grèce actuelle.

Le royaume de Lydie, où fut inventé la première monnaie d'État

Crédit : Wikicommons

En Lydie coule la rivière Pactole.

La rivière Pactole charrie des pépites qui sont en alliage naturel d'or et d'argent appelé électrum. Par conséquent, la monnaie abonde naturellement en Lydie.

Alyattès II a alors une idée géniale[11] : frapper des pièces toutes identiques de son sceau. Ainsi, les marchands et les mercenaires auront-ils une certitude sur le poids et le titre des pièces négociées.

Alyattès a inventé le premier Bureau Veritas et la monnaie d'État. Le sceau royal certifie le titre de pureté comme pourrait le faire de nos jours un bureau de contrôle. Il établit aussi la provenance.

Un centre d'affinage de métal précieux, situé dans une enceinte sacrée en bordure du Pactole, est marqué par des bornes royales dont les premières datent d'Alyattès II, ce qui atteste cette invention.

Le statère de 14 grammes était subdivisé jusqu'à sa 64e partie. Un statère avait un pouvoir d'achat de 10 moutons.

Bien entendu, pour rémunérer son service royal et public, Alyattès prélève une petite commission et

---

[11] La plupart des chercheurs et numismates s'accordent pour dater le premier monnayage de 630 avant J.-C. à 600 avant J.-C., ce qui correspond au règne d'Alyattès (-617 avant J.-C. à 560 avant J.-C.). « De la monnaie électronique à l'invention de la monnaie d'électron : en Lydie au VIIe siècle avant Jésus-Christ. », J.M. Thiveaud et S. Piron.

il vend chaque pièce plus chère que le prix du marché de l'or et de l'argent qu'elle contient.

Le succès de cette première monnaie d'État qu'est le statère est toutefois immédiat. Les pièces se diffusent largement, notamment par les mercenaires à la solde du pouvoir lydien.

Les marchands abandonnent balances et mesures, les transactions s'accélèrent. Le commerce de la région est en plein essor.

Ce succès monte à la tête du fils d'Alyattès II, Crésus. Il a des ambitions militaires et entend mettre sous sa coupe plusieurs cités grecques. Les impôts tombent, sous la forme de prélèvements et de tributs[12], mais cela ne suffit pas à financer les nouvelles conquêtes militaires.

Sournoisement, Crésus trafique alors l'électrum naturel[13] tiré du Pactole et qui sert à la fabrication des statères. Le centre d'affinage sépare l'or et l'argent, augmente la part d'argent et diminue celle de l'or. L'électrum naturel du Pactole comporte près de 75 % d'or. À la fin des petites manœuvres de Crésus,

---

[12] Olivier Picard, *L'invention de la monnaie et les Empires, De Crésus à Cyrus le Perse et aux Grecs*.
[13] L'*électrum* (en latin) ou l'*électron* (en grec) est composé à l'état naturel de 3 parties d'or pour une d'argent.

l'électrum artificiel des statères frappés dans l'atelier royal ne comporte plus que 50 à 55 % d'or[14].

Sachant que la valeur relative de l'argent et de l'or était à l'époque de 1 à 10[15], les profits (mal acquis) du Trésor lydien furent (au début) gigantesques. Toutefois, le crime de mauvais monnayage ne payant pas à la longue, hausses des prix, émeutes et troubles s'ensuivirent.

Altérer la monnaie finit toujours mal, cela deviendra récurrent dans l'Histoire. Car altérer la monnaie souveraine revient à saper le pouvoir en ruinant la confiance que les gens placent dans ce pouvoir.

L'affaire se termina mal pour Crésus qui fut battu et fait prisonnier par Cyrus, roi des Perses. Ces derniers imposèrent alors leur propre système monétaire en or.

Qui vole qui ?

Selon Hérodote, Crésus vaincu, témoin du sac de sa ville par les soldats perses, demanda à Cyrus :

---

[14] Emmanuel Le Roy Ladurie, « Naissance de la monnaie : du lingot à l'euro », *Le Figaro* Littéraire, 21 juin 2001. Philippe Simonnot et Charles Le Lien, *La monnaie, histoire d'une imposture*, Éditions Perrin, 2012. George Le Rider, *La Naissance de la monnaie. Pratiques monétaires de l'Orient ancien*, PUF, 2001, et analyse de l'ouvrage par Orlean André.

[15] L'argent est environ 19 fois plus abondant que l'or. Cependant, la valeur relative de l'or et de l'argent a fluctué au cours des époques, allant de 8 à plus de 85 aujourd'hui.

« Qu'est-ce que tous vos gens ont l'intention de faire ? »

À quoi Cyrus répondit : « Ils pillent votre ville et emportent vos trésors. »

« Ni ma ville ni mes trésors. Rien de tout cela ne m'appartient plus. C'est vous qu'ils volent. »[16]

Ce qui n'échappera pas à votre sagacité, cher lecteur, c'est que la première monnaie étatique fut aussi la première à être manipulée par son émetteur qui prétendait en être le garant.

Quand le pouvoir s'adonne au faux-monnayage

Le faux-monnayage officiel consiste toujours à diluer la monnaie. L'État espère ainsi paraître plus riche et cela fonctionne très bien au début.

Ensuite, l'illusion se dissipe, les citoyens flairent la supercherie et les prix s'ajustent à la monnaie diluée, ce qui veut dire que les prix augmentent. Un signe infaillible de désordre ou manipulation monétaire est une hausse générale des prix.

L'inflation monétaire, c'est-à-dire la multiplication de la monnaie sans contrepartie de richesse, conduit tôt ou tard immanquablement à l'inflation

---

[16] *The Secrets of Croesus' Gold ; Achaelogists Learn How Ancient King Made His Money, Literally*

des prix. Ce que Milton Friedman, prix Nobel d'économie en 1976, résuma par :

« L'inflation est toujours et partout un phénomène monétaire en ce sens qu'elle est et qu'elle ne peut être générée que par une augmentation de la quantité de monnaie plus rapide que celle de la production. »

Milton Friedman, 1970

La transmission de l'inflation de la monnaie à celle des prix est plus ou moins rapide, elle dépend de facteurs psychologiques, mais elle finit toujours par se produire.

L'État tricheur remonte presque aussi loin que sa mainmise sur la monnaie, et l'inflation, même avec des monnaies métalliques, va devenir le symptôme récurrent de problèmes financiers du pouvoir en place.

Il n'a pas non plus échappé à votre perspicacité que l'inflation monétaire est d'autant plus facile qu'elle n'exige pas de métallurgie compliquée.

— Plus facile de multiplier le papier que de diluer discrètement de l'or ou de l'argent dans d'autres métaux.
— Encore plus facile de multiplier le crédit que d'imprimer des liasses de billets de banque.
— Encore plus facile d'inscrire quelque chose dans une mémoire informatique que de libeller et d'enregistrer une reconnaissance de dette.

Plus la monnaie est dématérialisée, plus elle est manipulable.

Revenons à la période grecque. Durant 2 500 ans, les systèmes de paiement de monnaie et de crédit évoluent en parallèle. Tous deux connaissent quelques innovations : le jubilé selon des règles strictes et immuables pour la maîtrise du cycle du crédit, la monnaie certifiée par un État pour diminuer les fastidieuses opérations de contrôles des multiples monnaies privées.

Toujours, l'esclavage reste la sanction ultime du particulier mauvais payeur.

Le commerce se développe grâce à la monnaie-marchandise. Sur ce plan, l'or ou l'argent se confirment comme les marchandises les mieux adaptées à l'économie et à l'échange.

Les monnaies d'État se multiplient et les États et les cités qui gèrent mal leurs finances ou trafiquent leur monnaie font régulièrement faillite.

Ces divers accidents de parcours amènent les plus grands penseurs à se pencher sur l'énigme de la monnaie et son lien avec le crédit.

Platon et Aristote furent les premiers à émettre des théories monétaires et eurent des avis divergents sur la question.

Selon le professeur généticien Gerald Crabtree[17], le sommet de l'intelligence humaine se situerait à cette période de la Sagesse grecque. Il est donc instructif de nous pencher sur le jus de crâne que des sommités telles que Platon ou Aristote ont produit en réfléchissant à la monnaie.

---

[17] *"Humans are slowly but surely losing intellectual and emotional abilities"*
https://www.sciencedaily.com/releases/2012/11/121112135516.htm

CHAPITRE 3

Le débat sur la valeur de la monnaie

Après avoir balayé 2 500 ans d'Histoire, nous voilà en 560 avant J.-C. pour invoquer Aristote et Platon afin d'affiner notre compréhension de la monnaie et dégager des principes éternels (à l'échelle de la civilisation humaine, restons modestes).

Le travers de tout amateur d'Histoire (et même celui d'historien chevronné) consiste à raisonner avec une mentalité qui ne correspond pas à l'époque qu'il observe. Prenons par exemple l'esclavage. Les vainqueurs asservissaient les vaincus, ce qui leur procurait une source d'énergie, les esclaves, peu coûteuse. De nombreuses ruines antiques que nous admirons toujours ont été construites avec cette main-d'œuvre peu qualifiée de forçats pour réaliser les tâches ordinaires de génie civil. L'esclavage, qui est aujourd'hui vu comme une monstruosité, fut considéré comme une organisation sociale normale pendant des millénaires. La morale et les mentalités évoluent.

Mais rassurez-vous, dans notre escapade monétaire, ce biais de mentalité décalée n'existe presque pas. C'est pourquoi les réflexions d'Aristote et de Platon restent d'une saisissante actualité.

Impôts, argent, contrebande : des soucis vieux comme le monde

Le pouvoir, le commerce, les taxes, les impôts, la contrebande et l'évasion fiscale... rien de neuf sous le soleil. Déjà, sous Hammurabi, taxe et contrebande faisaient jaser.

Le British Museum :
« *Les anciennes tablettes cunéiformes relatent des histoires de trafics et contrebandes et expliquent aux marchands comment cacher leurs produits dans leurs sous-vêtements.* »

Comme vous le voyez, les soucis des Sumériens et des Babyloniens sont aussi les nôtres : comment payer moins d'impôts, comment faire face à un mauvais payeur...

Monnaie, crédit, fiscalité : un triangle indissociable

Les autorités politiques et religieuses apprécient d'avoir la mainmise sur la monnaie et le crédit, car cela leur facilite le recouvrement des impôts et taxes.

Peu de citoyens viennent gentiment et spontanément déposer leur obole au Trésor. Le « denier du culte » est un impôt librement consenti par les catholiques[18] qui a survécu, mais les enquêtes montrent que les gens sont loin de respecter la vieille règle de la dîme ou du décime qui voulait que l'on donnât 10 % de ses revenus. Il est vrai aussi que les hôpitaux ne sont plus des hospices religieux et que la redistribution étatisée, appelée solidarité, a pris le dessus sur la charité.

Depuis toujours, les impôts financent le train de vie des États laïcs ou religieux, des royautés, des empires, et plus ils sont facilement recouvrés, mieux c'est. Le consentement à l'impôt n'étant pas facile à obtenir, il faut d'autres artifices.

Pour un fonctionnaire zélé, le crédit inscrit sur des registres d'État est une forme préférable de monnaie à l'or, l'argent ou le bitcoin. Simplement parce que le crédit est un moyen d'échange qu'il peut

---

[18] De même que la pratique du kahout ou cacherout chez les Juifs.

complètement contrôler et sur lequel il pourra prélever. Au contraire, l'or, l'argent, le bitcoin ou le cash peuvent échapper au contrôle et donc à la taxe.

L'anonymat, qui préserve la liberté et la vie privée, est très gênant pour le pouvoir. Avec des registres de crédit-dette, les autorités savent exactement qui contracte avec qui, pour quel montant et où prélever l'argent.

La nationalisation ou l'étatisation de la monnaie – qu'elle soit sous forme de crédit ou sous forme métallique – invoque le prétexte que la monnaie serait un « bien commun » et que le contrôle de la monnaie par l'État se fait dans l'intérêt public, l'intérêt général.

C'est FAUX. C'est même un point à ne jamais oublier malgré toutes les propagandes.

« On ne peut entrer dans ce débat sans définir ce qu'est un "bien public" pour la théorie économique. Disons qu'un bien public n'est pas appropriable par des individus : l'air que l'on respire, la beauté d'un paysage, l'espace sonore entourant notre habitation, la lumière du jour, l'obscurité de la nuit, le parfum d'une rose.

Rien au contraire n'est plus appropriable par un individu que la monnaie. Elle est faite exprès pour cela et l'on peut même observer que même quand elle "circule", elle va en réalité de poche en poche ou de compte en compte sans jamais rester en suspens, quelque part dans on ne sait quel éther.

La monnaie "bien public" n'est donc qu'un de ces abus de langage dont notre temps est fécond. Cela n'empêche pas de dire, comme nous l'avons fait, que la monnaie est le bien de la communauté. »

Philippe Simonnot et Charles Le Lien[19]

La nationalisation de la monnaie ne vise en réalité qu'un but : rendre la taxation inéluctable et possible même lorsqu'elle est non consentie.

Le désir de grandir et de contrôler la monnaie

Tout humain, tout organisme vivant, toute entreprise a l'ambition de s'épanouir et de croître. Un

---

[19] *La Monnaie, Histoire d'une imposture,* Philippe Simonnot et Charles Le Lien.

gouvernement n'échappe pas à cette tendance naturelle à grossir, à vouloir élargir son champ d'action et sa palette de « services publics ». Pour cela, il lui faut de l'argent, donc créer des impôts et nationaliser la monnaie (ou le crédit) pour les recouvrer plus aisément. Ce qui était vrai il y a cinq mille ans l'est toujours.

Dans la Grèce antique, les cités ont le monopole de leurs monnaies. Les étrangers doivent échanger leurs pièces en monnaie locale, à un taux favorable pour le gouvernement de la cité qu'ils visitent. L'électrum ou l'argent pur sont les métaux précieux les plus utilisés.

Les citoyens sont tenus de régler leurs impôts en monnaie qui, à son tour, sert à payer les mercenaires et les « services publics » de l'époque.

Quelques siècles avant J.-C., lesdits services publics sont encore peu développés : une trière ou galère de combat, un théâtre et un gymnase pour l'entraînement des athlètes, voilà qui suffit à une cité grecque respectable. Les ruines du palais de la belle Hélène à Troie montrent une modeste surface au sol. Mais déjà, même pour une administration de taille modeste, gouvernement-impôt-monnaie forment désormais un triangle indissociable.

Les finances des cités grecques ne furent pas un long fleuve tranquille et leur histoire est jalonnée d'emprunts, de défauts et de faillites[20].

Deux des plus grands cerveaux de l'Antiquité se penchèrent donc sur l'économie, la finance et la question de la monnaie : Platon (428–348 avant J.-C.), puis Aristote (384–322 avant J.-C.). Attention : Platon, c'est le vieux, mais plutôt progressiste, tandis qu'Aristote est le jeune, mais tendance traditionaliste.

La monnaie selon Platon repose sur un mythe

Père de l'allégorie de la caverne, Platon voit la monnaie comme une simple convention sociale dont la valeur est subjective. La monnaie n'a pas besoin d'être une marchandise convoitée. L'État ou la Cité gère la « convention sociale ». Les deux parties – acheteur et vendeur – acceptent la monnaie frappée par la cité en raison justement de la garantie de l'État. À dire vrai, ils l'acceptent aussi en raison du « cours forcé » de cette monnaie dans un territoire donné, puisque nous avons vu que les marchands devaient souvent changer leurs monnaies ou

---

[20] *Les finances des cités grecques*, Léopold Migeotte, Les Belles Lettres, 2014.

leurs « poids » aux portes d'une cité s'ils désiraient commercer avec ses habitants.

De même aujourd'hui, un billet de 5 € est également une convention sociale. Votre boulanger l'accepte, bien que ce bout de papier imprimé n'ait certainement pas la valeur intrinsèque des baguettes ou de la viennoiserie qu'il vous échange en contrepartie. Ce billet atteste néanmoins que votre boulanger a désormais un pouvoir d'achat de 5 € sur des biens ou services disponibles dans l'Eurozone. Si vous voulez le dépenser ailleurs, vous devez le changer dans une autre devise. Ce faisant, vous changez ainsi de « convention sociale » et il y a un prix à payer.

Puisque simple convention sociale, selon Platon, la monnaie n'a pas besoin de valeur intrinsèque, d'être adossée à une autre valeur que la caution de la Cité, c'est-à-dire du pouvoir local.

Décidément, le père de l'allégorie de la caverne aimait les illusions. Car la monnaie « convention sociale » est bien une illusion, un mythe, un objet imaginaire. La valeur de quelque chose est certes subjective, mais son prix doit être le résultat d'un accord entre acheteur et vendeur et non pas le résultat d'une hallucination.

Illustration de l'allégorie de la caverne selon Platon

Crédit : An Illustration of the Allegory of the Cave from Plato's Republic

Avec un tel raisonnement, Platon passe outre notre grand principe économique : il faut échanger quelque chose contre autre chose pour que l'échange soit loyal. Même si le prix de quelque chose est subjectif et peut être déformé par l'imaginaire, cela ne justifie pas qu'on puisse échanger quelque chose contre un mythe.

Échanger quelque chose contre un mythe, c'est-à-dire rien de tangible, est un contrat déséquilibré, donc intrinsèquement gagnant-perdant.

Certes, l'or et l'argent sont « inutiles », contrairement au bronze avec lequel les armes sont forgées. Mas ils sont « quelque chose » et ne reposent pas uniquement sur la confiance. Pour s'en procurer, il faut faire un effort. De l'or ou de l'argent, on en a ou on n'en a pas. C'est binaire.

Dans un échange honnête, on doit aussi échanger sans tricher sur la qualité. Une promesse, un mythe, une convention sociale ne sont pas quelque chose, c'est-à-dire un produit ou un service identifiable et quantifiable. La valeur et le prix sont certes deux choses bien différentes, mais un échange ne peut être définitivement soldé avec quelque chose qui n'a pas de valeur tangible.

Pour nous, citoyens du XXIe siècle, Platon, l'ancien, a une vision somme toute très contemporaine de la monnaie. Toutefois, par rapport à son époque qui a connu la généralisation de l'argent et de l'or comme monnaie-marchandise, il a une vision conservatrice et même régressive. En effet, si l'or et l'argent ont débuté leur carrière monétaire 3 000 ans avant J.-C., on peut considérer que le phénomène s'amplifie vers 1000 avant J.-C. et devient universel dans l'Antiquité en 650 avant J.-C., à l'époque de Platon.

Voyons maintenant la vision d'Aristote, le jeune disciple de Platon, vision monétaire beaucoup plus terre à terre, concrète et progressiste pour son époque.

La monnaie selon Aristote doit être une marchandise

Aristote prend une position antagoniste à celle de son maître : la monnaie doit avoir une valeur intrinsèque. Elle doit être marchandise.

Le philosophe a une vision décentralisée de la monnaie. Il estime qu'elle doit dépasser l'enceinte de la Cité, le champ de l'économie domestique. La monnaie doit être capable de recouvrir l'aire d'échange la plus vaste possible... jusque-là où un pouvoir politique n'a plus d'emprise et où un autre s'y substitue.

Les monétaristes de notre époque (plutôt platoniciens) ironisent parfois sur l'attachement d'Aristote à l'or et l'argent. Ils oublient que c'est l'usage consacré par tous, une évidence spontanée – donc un choix pragmatique plébiscité – qui a donné leur statut à ces métaux.

Aristote a aussi codifié trois caractéristiques essentielles que doit avoir une monnaie :

– Instrument d'échange donc facilement reconnu ou encore « moyen de paiement »
– Instrument de mesure, instrument comptable ou encore « unité de compte »
– Stockage de la valeur dans le temps (à l'échelle de vie de quelques générations) ou encore « support d'épargne ».

Cette vision aristotélicienne de la monnaie a par la suite longtemps prédominé, mais elle s'est progressivement effacée au XXe siècle pour laisser place à une vision platonicienne. Les grandes devises d'aujourd'hui ne sont à nouveau plus que des « conventions sociales » dont la valeur s'érode dans le temps au gré de l'inflation et des « politiques monétaires ».

Bitcoin et cryptomonnaies remplissent – plus ou moins – deux des trois conditions d'Aristote, mais sont tout aussi dépourvus de valeur intrinsèque que nos grandes devises. Les aficionados du bitcoin estiment toutefois que l'algorithme plafonnant la quantité de ces monnaies immatérielles permettra de stocker de la valeur dans le temps. Nous reviendrons par la suite sur ce vaste sujet.

Mais auparavant, repartons quelques milliers d'années en arrière, car notre voyage dans le temps est loin d'être terminé.

Politisation des monnaies-marchandise et propagande monétaire

Outre leur intérêt pratique, les pièces de monnaie étatiques se sont rapidement imposées comme des outils de propagande, et ce dès l'Antiquité. Rien d'étonnant à cela : la circulation de ces pièces et leur lien étroit avec le pouvoir en faisaient de parfaits outils pour véhiculer l'image et l'idéologie de ce pouvoir, aussi bien à l'intérieur qu'à l'extérieur des frontières.

Si les monnaies émises par les cités grecques étaient frappées de leur symbole, par exemple la chouette et Athéna pour Athènes, les effigies représentant des personnages historiques se sont fait une place sur le métal au moins dès le règne de l'empereur achéménide Darius Ier (v. 550 av. J.-C-487 av. J.-C.).

C'est le cas par exemple d'Alexandre le Grand, dont l'image est gravée, après sa mort en 323 av. J.-C., sur les pièces émises par ses successeurs, manifestement en quête de légitimité et de filiation.

À Rome, le premier personnage public vivant à faire son apparition sur les pièces est Jules César, qui s'est vu accorder ce privilège par le Sénat. Cette grande première, illustration parfaite du pouvoir personnel auquel aspirait le vainqueur de la Gaule, sera ensuite reprise par ses successeurs sous l'Empire.

Jusqu'à présent, nous étions restés autour de la Méditerranée et du golfe Persique. Mais en Asie aussi, on expérimente. En Chine, après les coquillages ou cauris, après aussi peut-être le jade et l'or, les pièces en métaux vils s'imposent en tant que monnaie – sauf dans l'État de Chu (475 à 223 avant J.-C.), seul à adopter l'or. Toutefois, même des métaux comme l'étain, le cuivre, le plomb, le fer et leurs alliages possèdent une valeur intrinsèque, contrairement à une « convention sociale ». Pour arracher ces métaux à la croûte terrestre et les rendre présentables, il faut de l'énergie, du travail, du savoir-faire. Si les premières monnaies métalliques chinoises étaient en forme de bêches et couteaux, la forme ronde commence à faire son apparition en 350 avant J.-C.

CHAPITRE 4

Avilissement de la monnaie et flambée des prix

Nous voilà arrivés deux ou trois siècles avant J.-C. Récapitulons les acquis de ces 2 500 d'expériences monétaires constructives.

La monnaie crédit doit être limitée en quantité pour éviter troubles et désordres.

Si la monnaie n'est pas du crédit, elle est alors marchandise. Parmi les monnaies-marchandises, les monnaies métalliques se sont imposées grâce à leurs avantages :
– Conservation : mieux que le grain d'orge en usage à Sumer avant que l'argent puis l'or ne le supplantent.
– Stockage de la valeur : la quantité est limitée. Il n'est pas facile de multiplier l'argent ou l'or à volonté. L'or et l'argent sont moins faciles à extraire que le cuivre ou l'étain qui sont plus abondants.
– Reconnaissance : l'or et l'argent ne ressemblent pas aux autres métaux. L'or en particulier est inoxydable et son aspect ne s'altère pas.

– Relative inutilité : personne ne meurt de faim, de froid ou de soif si l'or ou l'argent font l'objet de spéculation. On ne peut pas en dire autant des céréales, du riz ou du pétrole[21]...

Depuis Crésus, les monnaies privées ou « poids » s'effacent au profit des monnaies souveraines frappées en Occident ou coulées en Chine. Cette certification, même si elle « nationalise » la monnaie, permet de fluidifier les échanges.

Cette progression n'est pas le fruit d'une grande théorie issue d'un unique cerveau. Elle est issue du cumul d'expériences de nos ancêtres, de souffrances (pour les esclaves), de déconvenues pour les créanciers impayés. Voyez-le comme un **capital de sagesse collective.**

Monnaie-crédit ou monnaie-marchandise : une différence fondamentale

La distinction entre monnaie-crédit et monnaie-marchandise reste fondamentale. C'est la distinction entre monnaie platonicienne et monnaie

---

[21] Quelqu'un qui n'a aucune culture monétaire vous dit que si vous mourez de soif dans le désert, l'or vous sera inutile pour avoir de l'eau. Dans de telles circonstances, un bout de papier comme un billet de banque le sera alors encore plus et ne parlons pas d'une carte bancaire de débit. Quiconque a vécu en Afrique peut témoigner que tout le monde prend l'or, et dans les endroits les plus surprenants... Quelque chose contre autre chose et pas une image prétendument sacrée couchée sur du papier, c'est du simple bon sens.

aristotélicienne. Certes, la valeur d'une monnaie-marchandise peut varier, comme l'atteste la variation relative des cours de l'argent et de l'or, mais elle n'est jamais nulle. Il reste toujours « quelque chose ».

Et le bitcoin, dans tout ça, vous demandez-vous peut-être songeur ? Monnaie platonicienne ou monnaie aristotélicienne ?

Le bitcoin n'a pas de valeur intrinsèque ; en ce sens, c'est une monnaie platonicienne dont la « valeur sociale » reposera sur l'usage. Mais le bitcoin n'est la dette de personne ; en ce sens, c'est une monnaie aristotélicienne, car on ne peut pas la multiplier à l'infini et elle est donc susceptible de conserver une valeur dans le temps.

Pour approfondir, il nous faut toutefois encore visiter quinze siècles et examiner quelques évènements marquants.

La monnaie-marchandise sous-tend un modèle économique qui ne repose pas exclusivement sur la confiance, contrairement au crédit. Mais en raison de l'usage de la monnaie-marchandise, l'État perd le contrôle des registres et la perception de ses recettes fiscales s'en trouve compliquée.

Dès lors, la suite de l'histoire monétaire sera animée par la volonté des États de contrôler la

monnaie-marchandise (s'il n'est pas possible de l'éliminer) pour financer des ambitions politiques excédant leurs capacités financières.

Depuis la nuit des temps, la capacité financière d'un État ne peut surpasser celle de ses contribuables... D'où les triches monétaires incessantes de la part des autorités pour prétendre qu'elles sont plus riches que la réalité lorsqu'elles ne peuvent plus recourir à la taxe.

Deux des plus belles manipulations monétaires sont l'hyperinflation de la fin de l'Empire romain et la faillite de Philippe Le Bel. Cette dernière nous conduira à un autre grand penseur de la monnaie pour en dégager quelques enseignements : Nicolas Oresme. Mais ne grillons pas les étapes...

Première monnaie mondiale et première hyperinflation

Le Premier Empire mondial et la première « monnaie mondiale » reviennent à Rome.

À ses débuts, la *pax romana* présente bien des avantages : les routes sont pavées et deviennent plus sûres, les aqueducs acheminent une eau saine, les ports sont bien protégés. Le commerce se développe, les barbares tenus en respect aux frontières, les *limes*. L'impôt rentre sans difficulté dans les régions sous le régime de cette *pax romana*, car chacun y trouve son avantage.

Payer un tribut à Rome pour jouir de routes sûres, d'aqueducs sains, de voies commerciales pavées et d'huîtres fraîches acheminées de Bretagne à Rome, c'était gagnant-gagnant, tout au moins au début.

88 millions de personnes réparties sur 2,75 millions de km² jouissent de la *pax romana* en 25 avant J.-C. L'empire atteindra 5 millions de km² en 117.

L'Empire romain à son apogée

Crédit : Wikicommons

Céréales, marbre, métaux, huile d'olive, textiles, bois, vin... circulent dans ce vaste espace, les échanges de ces denrées enrichissant ses habitants.

Mais un empire coûte cher à maintenir, les légionnaires de plus en plus nombreux pour garder les frontières doivent être payés, ainsi que les fonctionnaires de l'administration. Les impôts pleuvent, mais les contribuables ont progressivement le sentiment de moins en avoir pour leur argent.

Après tout, quand vous êtes syrien, la construction du mur d'Hadrien entre l'Angleterre et l'Écosse n'est pas le premier de vos soucis. La Calédonie, c'est loin, il y fait froid et vous ne voyez pas l'intérêt de payer pour ces landes sillonnées par quelques chevelus quasi barbares et illettrés.

Vue du mur d'Hadrien marquant la limite de l'Empire romain en Écosse (80 après J.-C.)

Crédit : Wikicommons

Les besoins de l'Empire grandissant, la pression fiscale s'intensifiant, les contribuables renâclant, la triche sur la monnaie commence...

Le bon *denarius* (denier) d'argent est la monnaie de base du système romain au côté du sesterce en bronze. Le denier (dont le nom a essaimé en dinar en Serbie, en Algérie, en Irak, en Jordanie, au Koweït, en Lybie, en Tunisie, en dinero en Espagne) est apparu en 269 avant J.-C. Avec le temps, sa taille fond progressivement au rythme des crises politiques et économiques traversées par l'Empire romain ainsi que de ses difficultés financières. En 145 avant J.-C., une dévaluation de 38 % est déjà actée[22].

Vous me direz que -38 % en plus d'un siècle, ce n'est pas la mer à boire et presque imperceptible, mais les évènements vont ensuite s'emballer à partir de 64, la taille et la teneur en argent s'amoindrissant plus rapidement.

---

[22] Notons cependant que sous le règne de Néron et durant la crise monétaire du IIIe siècle, la pièce en or est restée stable. C'est le denier d'argent, la monnaie de M. Tout-le-Monde qui a pâti des « politiques monétaires » de l'époque. Traditionnellement, l'or était réservé au « *big business* », aux puissants.

30 siècles de construction monétaire

*Évolution du pourcentage d'argent
contenu dans un denier*

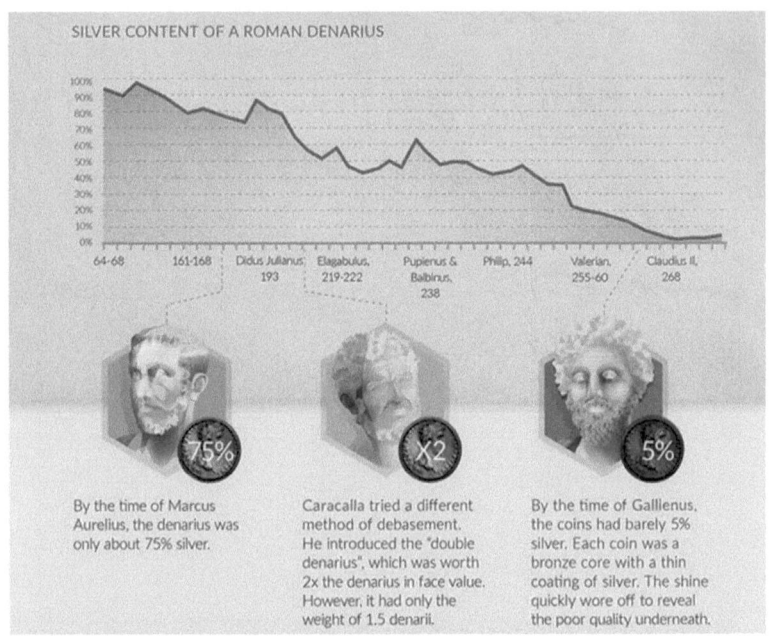

Source : http://money.visualcapitalist.com/currency-and-the-collapse-of-the-roman-empire/

À l'époque de Marc Aurèle, dans les années 170, le denier contient encore environ 75 % d'argent.

En 215, Caracalla tente un nouveau mode de dévaluation. Il introduit le double denier dont la valeur faciale est de deux deniers, mais qui ne pèse que 1,5 denier. Encore 25 % de dévaluation…

À l'époque de Gallien, autour de 250, les pièces ne contiennent plus qu'à peine 5 % d'argent. Chaque pièce est en bronze plaqué d'une fine couche d'argent. L'éclat de l'argent s'use rapidement et laisse rapidement apparaître le bronze de moindre qualité.

Est-ce le début sournois de cette inflation qui a déclenché une vive spéculation immobilière chez les Romains ?

Déjà chez les Romains une passion pour l'immobilier

Au premier siècle avant J.-C., les prix des propriétés à Rome se sont envolés alors que le rythme des achats et de ventes ne cessait de s'accélérer. Les Romains fortunés avaient développé une véritable passion pour la spéculation immobilière et changeaient régulièrement de lieu de résidence.

En 62 av. J.-C., l'avocat et homme politique Cicéron (106 av. J.-C. – 43 av. J.-C.) acquit ainsi une demeure sur Palatin pour 3,5 millions de sesterces. Une somme considérable, sachant qu'un légionnaire gagnait environ 250 deniers par an, soit 1 600 sesterces. Cette *domus* s'ajoutait à un patrimoine immobilier déjà imposant : quatre immeubles à Rome mais aussi dix exploitations agricoles et six pied-à-terre situés dans toute la péninsule italienne, pour une fortune estimée à 13 millions de sesterces.

Comment le transfert financier se faisait-il pour de telles sommes ? Difficile d'imaginer le futur propriétaire accompagné d'esclaves et de chariots remplis de pièces d'or et l'ancien propriétaire repartir avec une telle fortune sous le bras. Les lingots étaient donc certainement plus adaptés à ces transactions impliquant des sommes importantes. Les historiens soupçonnent aussi l'existence d'un système bancaire et de crédit suffisamment élaboré et efficace pour permettre aux Romains d'assouvir leur passion non seulement pour les belles demeures mais aussi les œuvres d'art venues de Grèce.

Comment Cicéron a-t-il financé cette dispendieuse *domus* ? Il s'était fait prêter 2 millions de sesterces par un ancien client, Publius Silla, qu'il avait défendu avec succès lors d'un procès.

Si le travail d'avocat n'était pas rémunéré, le prêt de Publius Silla était manifestement lié au talent de Cicéron, puisque, d'après ce que nous en savons, il n'a jamais été question d'un remboursement entre les deux hommes, en contradiction avec les usages romains.

En 63 av. J.-C., un an avant l'achat par Cicéron de sa villa sur le Palatin, le sénateur Lucius Sergius Catilina avait tenté de s'emparer du pouvoir, réclamant en outre l'annulation de toutes les dettes – dont les siennes qui l'avaient mené à une quasi-banqueroute.

Dès le Ier siècle avant J.-C., des troubles civils commencent à ébranler la *pax romana*.

Les émissions monétaires se multiplient, dont certaines proviennent d'armées concurrentes à celles de l'Empire. Le monopole monétaire de la superpuissance du moment est menacé.

Progressivement, le commerce se contracte, le recours au troc se multiplie...

L'inflation due à la cupidité ?

À la fin du IIIe siècle après J.-C., la confiance a disparu. S'ensuit alors une flambée des prix, la première inflation très documentée de l'Histoire.

L'empereur Dioclétien s'empare du problème et décide de contrôler les prix. C'est une constante de l'Histoire : tout gouvernement confronté à l'inflation refuse de faire amende honorable sur sa triche monétaire. Il essaie dans un premier temps de contrôler les prix, refusant la loi de l'offre et de la demande et forçant les échanges avec une monnaie dont il est désormais apparent qu'elle est avilie.

L'édit du maximum fut promulgué par Dioclétien en 301.

« *Il nous plaît donc que les prix qui figurent dans le court texte ci-dessous soient observés dans tout notre Empire. Que chacun comprenne bien néanmoins que, si la faculté de les dépasser lui a été ôtée, il n'est pas interdit, dans les régions où s'observe l'abondance, de jouir de l'avantage de bas prix, dont on s'occupera spécialement lorsque la cupidité aura été complètement réprimée. »*

Buste de l'empereur Dioclétien figurant à Vaux le Vicomte

Crédit : Wikicommons

Vous noterez, cher lecteur, que – selon l'Empereur – l'avilissement du denier n'est pas la cause première de l'inflation, mais seulement la cupidité des gens.

De nos jours aussi, ce ne sont jamais les États ou les gouvernements qui avouent être fautifs des désordres monétaires et financiers qu'ils ont occasionnés. Les autorités préfèrent désigner l'appât du gain, l'avidité, les spéculateurs, le capitalisme, les étrangers, la fraude fiscale, la conjoncture ou même le climat...

Pour parer l'inflation, l'Empereur tape fort. La peine de mort frappe les contrevenants qui auraient la mauvaise idée de ne pas respecter les prix de la longue liste de produits et de salaires établie par les grands planificateurs romains de l'époque.

Fragment sur lequel figure la liste des produits de l'édit du maximum

Crédit : Wikicommons

I	Quantité	Prix (deniers)
Blé	Modius[23] de l'armée	100 d.
Orge	Modius de l'armée	60 d.
Seigle	Modius de l'armée	60 d.
Millet concassé	Modius de l'armée	100 d.
Millet entier	Modius de l'armée	50 d.
Orge mondé	Modius de l'armée	100 d.
Lentille	Modius de l'armée	100 d.
Gesse	Modius de l'armée	80 d.
Pois cassé	Modius de l'armée	100 d.
Avoine	Modius de l'armée	30 d.
Fenugrec	Modius de l'armée	100 d.
Lupin cru	Modius de l'armée	60 d.
Lupin cuit	Modius de l'armée	4 d.
Graine de lin	Modius de l'armée	150 d.
Riz décortiqué	Modius de l'armée	200 d.
Gruau d'orge	Modius de l'armée	100 d.
Sésame	Modius de l'armée	200 d.
Graine de luzerne	Modius de l'armée	150 d.
Graine de chanvre	Modius de l'armée	80 d.
Pavot	Modius de l'armée	150 d.
Cumin	Modius de l'armée	200 d.
Graine de radis	Modius de l'armée	150 d.
Graine de moutarde	Modius de l'armée	150 d.
Moutarde	Pinte italienne[24]	8 d.

---

[23] 1 modius est une unité de volume valant 8,67 litres.
[24] 1 pinte valait un demi-litre.

IV		
Porc	Livre italienne[25]	12 d.
Bœuf	Livre italienne	8 d.
Chèvre ou mouton	Livre italienne	8 d.
Ventre de truie	Livre italienne	24 d.
Mamelle de truie	Livre italienne	20 d.
Foie de porc nourri aux figues	Livre italienne	16 d.
Porc salé	Livre italienne	16 d.
Jambon Ménapien ou Cerritain	Livre italienne	20 d.
Jambon Marse	Livre italienne	20 d.
Saucisse de porc	Once[26]	12 d.
Saucisse de bœuf	Once	10 d.
Saucisse de porc fumé de Lucanie	Livre italienne	16 d.
Saucisse de bœuf fumé de Lucanie	Livre italienne	10 d.
Faisan gras	1	250 d.
Faisan sauvage	1	125 d.
Oie grasse	1	200 d.
Oie non engraissée	1	100 d.
Poulet	2	60 d.
Perdrix	1	30 d.
Tourterelle	1	16 d.

---

[25] 1 livre valait 324 grammes.
[26] 1 once valait 27 grammes.

Tourterelle sauvage	1	12 d.
Grive	10	60 d.
Ramier	2	20 d.
Pigeon	2	24 d.
Canard	2	40 d.
Lièvre	1	150 d.
Lapin	1	40 d.
Becfigue	10	40 d.
Moineau	10	16 d.
Loir	10	40 d.
Paon	1	300 d.
Paonne	1	200 d.
Caille	10	20 d.
Étourneau	10	20 d.
Sanglier	Livre italienne	16 d.
Venaison	Livre italienne	12 d.
Gazelle ou chèvre sauvage ou chevreuil	Livre italienne	12 d.
Porcelet	Livre italienne	16 d.
Agneau	Livre italienne	12 d.
Beurre	Livre italienne	16 d.

VII		**Salaires**
Manœuvre agricole	1 jour	25 d.
Maçon	1 jour	50 d.
Menuisier charpentier	1 jour	50 d.
Chaufournier	1 jour	50 d.
Marbrier	1 jour	60 d.

Mosaïste	1 jour	60 d.
Fresquiste	1 jour	75 d.
Peintre de Figures	1 jour	150 d.
Charron	1 jour	50 d.
Forgeron	1 jour	50 d.
Boulanger	1 jour	50 d.
Briquetier	8 briques	2 d.
Chamelier ou muletier	1 jour	25 d.
Berger	1 jour	20 d.
Barbier	par homme	2 d.
Tondeur	par animal	2 d.
Notaire	pour 100 lignes	10 d.
Professeur élémentaire	par élèves/mois	50 d.
Professeur de grec, latin ou géométrie	par élèves/mois	200 d.
Professeur d'architecture	par élèves/mois	200 d.
Professeur de rhétorique	par élèves/mois	250 d.
Avocat	pour lancer une procédure	250 d.
Avocat	par plaidoyer	1 000 d.
Surveillant de vêtements aux thermes	par baigneur	2 d.

XXX		
Or raffiné, en lingots ou en monnaies	Livre	72 000 d.
Or non raffiné	Livre	12 000 d.
Orfèvre	par livre travaillée	5 000 d.
Tailleur d'or	par livre travaillée	3 000 d.

Cette liste nous apprend qu'un fresquiste gagnait mieux sa vie qu'un mosaïste, que les notaires étaient payés à la ligne, les avocats à la procédure et à la plaidoirie et les surveillants de vestiaires au visiteur ! Les fonctionnaires ayant dressé cette liste semblaient aussi porter un singulier intérêt à la viande… On croirait l'ancêtre de la liste des « produits essentiels » produite par notre actuelle bureaucratie lors de l'épidémie de Covid en 2020.

Le problème de l'inflation ne fut toutefois pas résolu par cette coercition et cette répression mortelle, bien au contraire !

Les marchandises n'arrivèrent plus sur les marchés ; contrebande, troc et marché noir se développèrent. Des transactions consignées dans des papyrus égyptiens montrent également que certains prix de l'édit n'étaient pas respectés, car tout simplement impossibles à respecter. L'administration romaine se montra kafkaïenne avant l'heure.

C'est finalement l'empereur Constantin (272-337) qui restaurera l'ordre et la confiance en changeant de monnaie et en introduisant le *solidus* d'or. Cette monnaie, adoptée par l'Empire byzantin, procura une exceptionnelle stabilité jusqu'au XIe siècle. C'est l'ancêtre du sol puis du sou qui eut cours en France.

Ceux qui sont incapables de se souvenir du passé sont condamnés à reproduire ses erreurs. C'est bien dommage. Car un grand principe se dégage toujours et partout : l'inflation est d'abord un phénomène monétaire. Partout et toujours, c'est la quantité de monnaie – qu'elle soit sous forme métallique ou de crédit – qui finit par déclencher une flambée des prix sous l'effet de la défiance.

L'inflation est due à la perte de confiance dans l'État et sa monnaie

La triste fin du denier romain nous apprend que l'inflation est longue à jaillir, d'autant plus longue que la confiance dans le gouvernement était initialement élevée. En l'occurrence, nous parlons de plus de deux siècles. Une fois que l'inflation devient évidente pour la plupart des gens et que la défiance enfle, les évènements s'emballent.

Il arrive toujours un moment où les gens constatent qu'ils échangent quelque chose contre pas grand-chose (une monnaie dévaluée). Ils sont contraints par le pouvoir en place à des échanges perdants. Les vendeurs corrigent alors l'écart en ajustant leurs prix à la hausse. Ou alors ils ajustent la qualité à la baisse, des savoir-faire et des produits disparaissent, la pénurie s'installe. Les acheteurs subissent. C'est ensuite la fuite en avant. L'avilissement de la monnaie et la hausse des prix se font la course, jusqu'à la rébellion finale et l'effondrement du pouvoir.

Le moment précis de la perte de confiance n'est ni modélisable ni prévisible.

Aujourd'hui, quelque 1 700 ans après l'hyperinflation de l'Empire romain, nos banquiers centraux jouent avec le feu et regrettent qu'il y ait si peu d'inflation. Ils voudraient que les monnaies des autres soient fortes, la leur faible, que les emprunts d'État qu'ils émettent en monnaie de singe soient convoités même lorsqu'ils ne rapportent rien. Pour le moment, le public, les citoyens ont encore confiance dans les banques centrales et la dette d'État. Des pays empruntent à 100 ans à des taux d'intérêt ridiculement faibles. Même l'Italie n'a jamais emprunté à un taux si faible dans toute son histoire. Oui : l'Italie surendettée à titre public, dont les banques sont notoirement truffées de créances douteuses, douze ans après la crise financière de 2008.

Il faudra remettre le système monétaire à plat, comme après Crésus ou Dioclétien.

Comment restaurera-t-on la confiance ruinée par un abus de crédit au niveau mondial ? Comment le FMI arbitrera-t-il les registres de dettes entre pays ? Ce ne sont pas les DTS (droits de tirage spéciaux) – cette super monnaie-crédit ésotérique du FMI, connue seulement de quelques spécialistes – qui y parviendront.

Peut-être faudra-t-il réintroduire de l'or dans le système. Mais pourquoi pas un peu de bitcoins, une monnaie non-marchandise mais qui ne se multiplie pas à l'infini et ne se reconnaît aucun maître.

CHAPITRE 5

La mauvaise monnaie chasse la bonne

Sautons encore quelques siècles et rendons visite à Nicolas Oresme, auteur du *Traité sur l'origine, la nature, le droit et les mutations des monnaies*. Nous sommes en 1335.

Peu avant Oresme s'est produite la retentissante faillite de Philippe Le Bel en 1309. Celle-ci n'apporte rien de nouveau à l'histoire monétaire si ce n'est un exemple supplémentaire qu'excès de dette souveraine et triche monétaire sont étroitement liés. Philippe Le Bel fut surnommé « le roi faux-monnayeur ». Outre ses malheureuses pratiques de refonte et dévaluations incessantes, il persécuta les Juifs et les Templiers pour tenter non seulement de ne pas avoir à rembourser ses dettes, mais de faire disparaître ses créanciers[27] !

C'est après cette sulfureuse période que réfléchit Oresme, conseiller de Charles V Le Sage qui laissa une France prospère.

---

[27] L'acharnement de Philippe Le Bel vis-à-vis des Templiers serait toutefois remis en cause par la recherche historique récente.

Marchandise contre marchandise, quelque chose contre autre chose est aussi le *credo* d'Oresme qui marche dans les pas d'Aristote plutôt que dans ceux de Platon.

Il ne faut pas oublier le sain précepte que va nous enseigner Oresme, car l'amnésie dans le domaine monétaire se paye très cher...

Crédit : Wikicommons

Concurrence monétaire, circulation des monnaies et principe d'Oresme

« *La mauvaise monnaie chasse la bonne* », énonce Oresme dans son *Traité sur l'origine, la nature, le droit et les mutations des monnaies* (1355-1356).

Lorsqu'une monnaie est altérée par l'État, cette mauvaise monnaie circule vite, car elle brûle les doigts. Les gens constatent rapidement qu'elle n'est pas un bon réservoir de valeur.

La bonne monnaie, celle qui est honnête, est thésaurisée. Les gens la stockent, car ils veulent conserver dans le temps la valeur de leur travail, être libres de dépenser ou d'investir quand ils le souhaitent.

La bonne monnaie se cache, ne fait plus surface, douillettement lovée dans les bas de laine. La mauvaise monnaie circule rapidement.

Il existe aussi un deuxième enseignement des travaux de Nicolas Oresme. L'État peut apporter une valeur ajoutée à la monnaie dans la mesure où il garantit à la communauté des utilisateurs :
– que les poids et titres (puretés) affichés sont exacts
– qu'il n'y a pas de fausse monnaie d'État en circulation.

Autrement dit, la frappe à la Crésus est un vrai service qui a une valeur. Ne vous y méprenez pas : lutter contre la fausse monnaie est un enjeu même lorsque la monnaie est en métal précieux. Il fallut quatre mois pour vérifier un à un les 1 200 000 écus versés par François Ier, rançon exigée par Charles

Quint pour la récupération en 1530 de ses deux fils aînés laissés en otage conformément au traité de Madrid signé en 1526. Contrôle de la qualité des pièces fait, l'Espagne exigea 40 000 écus de plus[28]... Cela faisait 20 % manquant à l'appel, donc de faux-monnayage sur des pièces qui correspondraient à de très gros billets de nos jours...

François Ier, père de la rente perpétuelle

La défaite de François Ier (1515-1547) face à l'empereur Charles Quint (1519-1558) en 1525 lors de la bataille de Pavie a eu des conséquences militaires, politiques... mais aussi financières.

Capturé par son adversaire, le roi français est libéré au bout d'un an sur la promesse du versement d'une rançon de 1 million deux cent mille écus (l'équivalent d'un an et demi du budget de la France à l'époque) et de l'abandon à Charles Quint de ses prétentions sur le nord de l'Italie et de la Bourgogne.

En gage de bonne volonté, François Ier laisse ses deux fils aînés – le dauphin François et le futur Henri II – en otage en attendant que le versement de la rançon soit effectif. Il faudra 4 ans au roi, et de nombreux revirements, avant d'y parvenir.

---

[28] Jean-Joseph Goux, *Les Monnayeurs du langage.*

Car, libéré, François Iᵉʳ veut surtout lancer une nouvelle expédition militaire contre l'empereur – expédition qu'il faut financer. Le roi augmenta donc très sensiblement les impôts existants, la gabelle (l'impôt sur le sel) et la taille. Il s'intéressa aussi aux revenus du clergé – y prélevant une part « royale » – et à ceux du commerce en augmentant les droits de douane et les taxes des foires.

En 1529, alors que François Iᵉʳ et Charles Quint sont enfin parvenus à un accord et que la libération des deux princes contre rançon est sur les voies, les caisses françaises sont complètement vides. Le roi fait alors appel à toutes les bonnes volontés, des villes au clergé en passant par la noblesse et même le roi d'Angleterre Henry VIII, pour réunir la somme, qui sera finalement versée en 1530.

Mais le poids de ses opérations militaires et de la rançon sur le budget est tel que François Iᵉʳ va devoir se montrer innovant au cours de son règne pour trouver de l'argent.

Il met ainsi en vente des charges publiques (la vénalité des offices) et lance, en 1539, ce qui est considéré comme le premier emprunt « national ». L'État proposait ainsi de verser une rente perpétuelle à ceux qui auraient le bon goût de lui prêter de l'argent.

Malheureusement pour ces patriotes de la première heure, cette rente fut versée de manière aléatoire et rongée par l'inflation. Malgré tout, l'idée a survécu et tous nos dirigeants, rois comme présidents, ont toujours aimé recourir à l'invention de François Ier.

Ces deux « services publics » identifiés par Oresme – le contrôle et la certification – ne justifient toutefois pas un monopole d'État sur la monnaie. On pourrait très bien concevoir que des monnaies privées existent en parallèle.

À défaut de concurrence privée, les monnaies métalliques d'État rentraient autrefois malgré tout en concurrence entre elles, comme le prouve encore une découverte archéologique récente.

Les thésauriseurs de l'Empire romain préféraient déjà la bonne monnaie

En 2010, deux bouteilles en verre étaient découvertes à Tourouvre dans le département de l'Orne. Elles contenaient 407 monnaies, en argent et en billion (un alliage d'argent et de cuivre), et quelques bijoux. Ces pièces, dont la plupart ont été frappées entre 238 et 270 après J.-C., constituent probablement l'épargne d'une famille aisée de la Gaule romanisée du IIIe siècle. Cette région, qui deviendra plus tard la Normandie, est en pleine ébullition, alors que des empereurs « gaulois » contestent l'autorité des empereurs romains et que les attaques de pirates germains se multiplient des deux côtés de la Manche et le long de la Seine.

En ces temps troublés, les habitants de la Gaule ont un goût prononcé pour l'épargne, et de nombreux trésors monétaires datant de la fin du IIIe siècle ont été découverts dans l'ouest et le nord de la France, mais aussi sur la côte orientale de la Grande-Bretagne. L'étude précise des pièces illustre une pratique très réfléchie. Si notre précautionneux Gaulois a commencé à constituer sa cagnotte dans les années 250, sa thésaurisation s'est accélérée à partir de 260, alors que s'enchaînaient les troubles politiques et que les incursions germaines s'intensifiaient.

Autre enseignement, notre épargnant a eu tendance à privilégier les pièces émises en début de règne d'un empereur – qu'il soit romain ou gaulois – plutôt que celles plus tardives, qui étaient très souvent dévaluées. Ou comment un trésor accumulé dans deux bouteilles nous démontre que les thésauriseurs préfèrent déjà la bonne monnaie à la mauvaise.

Notre avisé normand nous enseigne une sacrée leçon : **la monnaie d'un début de règne est plus saine que la monnaie d'une fin de règne. Aujourd'hui, vous remplacez « règne » par « système monétaire » et cela reste vrai.**

CHAPITRE 6

Bilan de 30 siècles de tâtonnements

Notre histoire des moyens de paiement et de la monnaie est loin d'être terminée, mais une période s'achève : celle de la construction empirique.

De 1750 av. J.-C. à 1360, d'Hammurabi à Oresme en 1355, soit plus de 30 siècles, nous avons déroulé un long et lent processus de progression des moyens de paiement par la multiplication des expériences, des essais, des erreurs. Le filtre pragmatique a joué son rôle d'apprentissage. Ce qui marchait a eu tendance à être conservé et amélioré. Ce qui ne marchait pas a été écarté. Systèmes crédit-dette (monnaie immatérielle) et monnaie-marchandise coexistent et c'est bien normal, puisque les deux ont leur utilité.

Sept grands principes se sont dégagés :

1. La monnaie-marchandise est préférable à la monnaie-crédit (ou la monnaie dette, puisque l'envers du crédit est la dette). L'échange qui passe par la monnaie-marchandise est plus loyal puisqu'on obtient quelque chose contre autre chose de tangible et non pas une promesse de payer. La monnaie-marchandise abolit les frontières, les langues et les juridictions.

2. Parmi toutes les tentatives de marchandises monnayables, l'or et l'argent se sont imposés face aux coquillages, au jade, aux grains…

3. Le crédit coexiste avec la monnaie, mais pour préserver l'harmonie de la société, le crédit (donc la dette) doit être limité. À défaut, on aboutit à une société d'esclaves dominée par quelques nantis.

4. Monnaie, impôt et pouvoir politique forment un triangle quasiment indissociable.

5. Le pouvoir politique souhaite contrôler la monnaie, car cela facilite le recouvrement de l'impôt.

6. Le pouvoir politique aime s'étendre et non pas se contraindre, et pour cela, il lui faut de l'argent, d'où l'éternelle tentation de multiplier la monnaie.

7. L'inflation générale des prix est un phénomène monétaire que même la peine de mort ne parvient pas à enrayer.

Dans la deuxième période qui va nous emmener jusqu'au XXIe siècle, nous allons assister à un lent processus de mise à l'écart de la monnaie-marchandise au profit de systèmes monétaires et financiers centralisés qui entendent exclure toute concurrence.

DEUXIÈME PARTIE

La tyrannie par la monnaie

CHAPITRE 7

De la monnaie aux « systèmes monétaires »

Jusqu'à présent, nous avons vu les éléments de la construction de la monnaie, étalés sur trente siècles. Nous allons maintenant passer à une période, en cours depuis trois siècles et désormais bien avancée, de mise à l'écart de l'or et de l'argent au profit de systèmes monétaires centrés autour de la dette (donc du crédit).

Il s'agit d'une véritable déconstruction des acquis précédents, voulue par les pouvoirs politiques qui entendent contrôler les moyens d'échange.

Lente construction, mais rapide déconstruction : c'est un phénomène normal. Il est plus aisé de laisser tomber que de soulever, de démolir que de bâtir.

Le pouvoir politique va vouloir reprendre la main et faire remiser aux oubliettes la seule monnaie démocratique et décentralisée, celle qui abolit les frontières et les barrières du langage, celle qui permet d'échanger le plus librement : la monnaie-marchandise sous forme d'or ou d'argent.

Que cette marchandise soit frappée d'une effigie d'un État ou d'un souverain ne change pas sa nature concrète de bien tangible. Que ce soit de l'or ou de l'argent n'est pas important. L'important est que la monnaie-marchandise ne se crée pas à partir de rien par simple volonté politique.

Pour le pouvoir en place, pouvoir substituer à cette contrainte une monnaie immatérielle, plus souple, est un enjeu. D'où la création de « systèmes monétaires » centralisés et administrés et s'efforçant d'évincer l'or et l'argent et plus généralement toute concurrence dans un périmètre donné.

Face à ces monnaies immatérielles centralisées et administrées, le bitcoin est une expérience contemporaine inédite de monnaie immatérielle privée et collective ayant pour ambition de concurrencer les devises officielles.

La monnaie facilite les échanges, c'est sa première raison d'être pour les utilisateurs. Plus les membres d'une société peuvent échanger, mieux ils s'organisent pour prospérer, chacun échangeant ce qu'il fait de mieux. Si les activités productives des uns et des autres rendent les échanges possibles, la monnaie les facilite.

Les métaux précieux ont émergé comme étant la marchandise la mieux adaptée à être monnaie. La frappe de la monnaie par le pouvoir peut apporter un vrai service en certifiant sa pureté (son titre), comme nous l'avons vu. Hélas, les dérives des pouvoirs conduisent épisodiquement à vouloir avilir la monnaie, ce qui introduit des désordres dans les échanges et la formation des prix.

Nous aurions pu en rester à ces principes simples et l'histoire monétaire aurait alors piétiné dans un éternel recommencement. C'est sans compter les folles ambitions des souverains puis des démocraties modernes, ambitions qui nécessitent des moyens démesurés. Le pouvoir va donc souvent adopter les politiques monétaires les plus absurdes.

Tenter d'assouvir des ambitions en faisant croire qu'on en a les moyens financiers est bien plus aisé lorsque la monnaie est immatérielle, la plus immatérielle et évanescente possible. L'avilissement d'une monnaie métallique nécessite de travailler la matière, alors que la multiplication d'une monnaie immatérielle ne demande aucun effort, mais seulement un peu de crédulité de la part de ceux qui vont l'accepter.

Dès lors, on peut établir que les gouvernements et les citoyens poursuivent deux objectifs monétaires différents : les citoyens recherchent la monnaie la plus fiable, tandis que les autorités favorisent la monnaie la plus facile à manipuler.

Avant de commencer à aborder cette période moderne, notons que « monnaie » est de nos jours un mot imprécis. C'est d'ailleurs un symptôme que la déconstruction est bien avancée.

Le retour de la monnaie abstraite

Aujourd'hui, le terme de « monnaie » ou même d'« argent » s'utilise indifféremment pour parler d'un moyen de paiement, d'un moyen de règlement, d'une unité de compte, d'une ligne de crédit.

Le sens du mot « monnaie » dépend du moment, de l'époque… et du système monétaire en vigueur.

Au temps d'Hammurabi, il n'y avait pas toujours de shekels d'argent pour sceller un échange. Mais les échanges étaient consignés en shekels par les scribes. Par conséquent, les shekels étaient à la fois une unité de compte et un moyen de paiement. La monnaie était le plus souvent abstraite.

Lorsqu'Aristote parle de « monnaie », il parle de moyens de paiement libellés en unités de compte et il conclut que le moyen de paiement doit lui-même être une marchandise. Il opte pour une monnaie concrète.

Lorsque Platon parle de « monnaie », il évoque déjà une monnaie fiduciaire, c'est-à-dire un moyen de paiement qui repose seulement sur un principe de garantie de la part d'une institution. La balance penche vers l'abstrait.

Environ 1 000 ans av. J.-C., l'usage de la monnaie métallique s'est répandu et la monnaie distincte de la dette ou du crédit a contribué à l'essor du commerce, comme en témoignent les longs trajets des pièces retrouvées par les archéologues, de Chine en Afrique, en passant par l'océan Indien et l'Europe. Le mot « monnaie », comme « argent », désigne donc à partir de ce moment le plus souvent des espèces « sonnantes et trébuchantes ».

Le dictionnaire historique de la langue française[29] nous retrace l'évolution du sens du mot depuis son apparition dans notre langue et indique sous l'entrée *monnaie* :

« *Nom féminin issu (1170) sous la forme monoie puis monnoye, encore en usage au XVIIe siècle, du latin moneta. Celui-ci est à l'origine le surnom (Moneta) de Junon "mère des Muses" qui a servi à Livius Andronicus à traduire le grec Mnêmosunê "dont on conserve le souvenir" ou "conseillère".*

Par métonymie, le nom s'est associé au temple de Junon où elle était adorée et où l'on frappait monnaie.

Par suite, il a pris le sens de "frappe des pièces" et "pièces de métal servant de moyen de paiement",

---

[29] Éditions Le Robert.

passant avec ce dernier dans les langues romanes en germanique et en celtique (irlandais monad).

En français, la forme actuelle (1549) l'a emporté peu à peu sur monoie (1170), monnoie (1216) et monnoye. Le mot signifie d'abord "argent", désignant spécialement la pièce de métal frappé par une autorité souveraine et servant aux échanges (1181-1190). La fabrication des pièces parvient à sa perfection technique au XVIIe siècle d'une part avec la mécanisation (1640-1645), d'autre part avec la gravure de la tranche (1687-169). Par métonymie, "monnaie" a pris le sens de "permission de battre la monnaie" (1245) et "lieu destiné à la fabrication des monnaies" (1671) (...)

Depuis le XVIIe siècle (1690 dans les dictionnaires), le mot désigne aussi en général et plus abstraitement l'instrument de mesure et de conservation de la valeur. »

Laurent Feller, professeur d'histoire médiévale à l'université Panthéon-Sorbonne[30], brosse un grand tableau de ces différents sens de la monnaie :

« *Il existe, au fondement de toute transaction, une échelle de comparaison entre les choses connues de chacune des parties, que **les paiements s'effectuent à l'aide d'objets monétaires ou à l'aide d'objets non monétaires**.*

À l'époque médiévale et, plus spécialement durant le haut Moyen Âge, les transactions peuvent être me-

---

[30] *Les choses ont-elles une valeur au Moyen Âge ? La vie des idées.*

surées et soldées à l'aide de toutes sortes d'objets : on trouve des boissons, du pain, du grain, des chevaux, des bœufs, des mules, des chèvres, des ânes, mais aussi des armes et parfois des outils et, au bas Moyen Âge, des livres.

(...)

Les objets utilisés durant l'échange sont le plus souvent eux-mêmes évalués et raccrochés, de ce fait, à des monnaies qui sont soit des monnaies de compte soit des monnaies réelles.

En fait, depuis la fin du VIIIe siècle et les grandes réformes monétaires de Charlemagne, les sociétés européennes incluses dans l'Empire carolingien ont à leur disposition des instruments monétaires efficaces quoique peu abondants.

Charlemagne a institué un système fonctionnant sur trois niveaux entre lesquels des équivalences sont établies. La livre et le sou sont des monnaies de compte dont la seule fonction est de mesurer des valeurs. Le denier est l'unique monnaie circulant effectivement. (...). S'acquitter d'un paiement important en numéraire signifie donc verser une quantité très grande de piécettes d'argent. »

David Graeber, dans son ouvrage déjà cité[31], expose une vision platonicienne et abstraite de la monnaie :

---

[31] *Dette : les 5 000 premières années.*

« *Ce que nous appelons monnaie n'est pas une "chose", c'est une façon de comparer les choses mathématiquement entre elles, à la manière de proportion : de dire qu'un de X est équivalent à six de Y.* »

De nos jours, Bitcoin est un réseau de règlement de transaction dont bitcoin est l'unité de compte. Aucune marchandise ne circule dans ce réseau, tout comme dans celui de Visa…

L'euro est une monnaie, mais 90 % des euros échangés n'existent que sous forme d'inscriptions dans des mémoires d'ordinateurs bancaires, l'ensemble visible de cette comptabilité se retrouvant centralisé dans celle d'une banque centrale. Une autre partie, invisible pour le profane, se trouve dans le « hors-bilan » des banques commerciales.

Comme on le voit, le mot « monnaie » reste toujours ambigu.

Alors la monnaie, c'est de l'argent, du crédit, les deux ?

« *Me voilà bien avancé…* », soupirez-vous peut-être, cher lecteur. Je comprends votre perplexité. Toutes ces nuances sont-elles nécessaires ? Oui, pour débusquer les pièges. Et ils sont nombreux. Considérons que la monnaie doit pouvoir *solder* un échange, le conclure définitivement. Supposons que vous vendiez quelque chose (votre temps, votre travail, un objet qui vous appartient) 10 €. Cet échange ne sera définitivement soldé au sens économique que lorsque vous aurez acquis autre chose qui vous satisfait avec ces 10 €.

Je vous ai proposé d'adopter une définition simple de l'économie. Selon cette définition, l'économie s'identifie à l'organisation des échanges. C'est celle de l'économiste Friedrich Hayek et plus largement de l'école autrichienne.

Cette définition peut paraître restrictive de prime abord, mais en réalité, c'est la plus complète qu'on puisse donner. L'économie ne serait-elle pas la production ? Mais à quoi sert de produire ce dont personne ne veut ? L'économie soviétique qui produisait selon une planification indépendante des lois de marché fut un échec. L'économie peut-elle s'assimiler à la seule consommation ? Mais comment alors se créée la prospérité si tout le monde consomme sans produire ?

C'est bien l'échange qui est au cœur de la création de valeur : chacun négocie au mieux de ses intérêts ce qu'il fait de mieux. Par l'échange, chacun optimise sa propre valeur ajoutée et participe à l'enrichissement de la société.

Cette conception de la vie économique vue comme un échange s'oppose aux pensées socialistes et communistes et au concept de lutte des classes qui vont dominer le XXᵉ siècle. Selon ces idéologies, il n'existerait majoritairement que des contrats gagnant-perdant : le riche exploite le pauvre, le propriétaire exploite le locataire, le patron exploite l'employeur, etc.

L'histoire de l'humanité prouve que ces théories de l'exploitation de l'homme par l'homme sont fausses. Nous sommes aujourd'hui presque huit milliards d'individus[32] sur Terre. À l'aube du XIXᵉ siècle, le monde ne comptait qu'un petit milliard d'habitants. La mécanisation et le capitalisme ont permis de passer en moins de trois siècles d'une économie de subsistance à une économie d'abondance. L'agriculture a été le secteur qui a connu le plus de gains de productivité depuis la Seconde Guerre mondiale, loin devant l'industrie ou les services[33]. L'humanité est plus riche qu'elle ne l'a jamais été, comme le montrent les statistiques mondiales de pauvreté (en recul), d'alphabétisation et d'espérance de vie (toutes deux en progression). Ceci n'aurait pas été possible si chacun volait chacun ou si une minorité volait une majorité. Il y aurait de plus en plus de pauvres et de moins en moins de riches. Or c'est le contraire qui se produit. Plutôt que de vouloir éradiquer la pauvreté, les tenants de la lutte des classes feraient mieux de s'intéresser aux conditions qui permettent la prospérité. Parmi ces conditions figure en première

---

[32] 7,8 milliards en mars 2020, plus précisément.
[33] McKinsey Global Institute.

place l'échange loyal, libre et consenti avec une monnaie saine.

Un échange honnête consiste à échanger quelque chose contre autre chose ; l'échange a donc beaucoup plus de chances d'être loyal si la monnaie – qui est une étape intermédiaire – est elle-même une marchandise plutôt qu'une promesse, une reconnaissance de dette, certifiée ou non par une autorité ou un tiers de confiance.

La fourniture de quelque chose de tangible en paiement d'autre chose est la seule façon honnête de solder définitivement une transaction sans spoliation.

La tentation de la spoliation légale par la monnaie

La volonté d'obtenir quelque chose en échange de rien est un obstacle au développement économique. Les voleurs, les pilleurs et les profiteurs ont un objectif : forcer quelqu'un à un échange gagnant-perdant. Le premier rôle d'un État et de son gouvernement consiste – en principe – à empêcher ces parasites de nuire, à assurer la sécurité des personnes et des biens. C'est pour cette raison que l'État et le droit existent.

« Ce n'est pas parce que les hommes ont édicté des Lois que la Personnalité, la Liberté et la Propriété existent. Au contraire, c'est parce que la Personna-

lité, la Liberté et la Propriété préexistent que les hommes font des Lois. »

Frédéric Bastiat, *La Loi*, 1850

Mais il y a un écueil, hélas. Quel que soit le régime de gouvernement, le pouvoir aime s'étendre et des gens utilisent l'État pour obtenir quelque chose en échange de rien : privilège, faveur, prébende, protection, subvention, attribution de marchés, etc.

« *L'ÉTAT ! Qu'est-ce ? Où est-il ? Que fait-il ? Que devrait-il faire ?*
Tout ce que nous en savons, c'est que c'est un personnage mystérieux, et assurément le plus sollicité, le plus tourmenté, le plus affairé, le plus conseillé, le plus accusé, le plus invoqué et le plus provoqué qu'il y ait au monde.
(...)
L'ÉTAT, c'est la grande fiction à travers laquelle TOUT LE MONDE *s'efforce de vivre aux dépens de* TOUT LE MONDE. »

Frédéric Bastiat, *L'État*, 1848

Lorsqu'un État grossit, ses besoins grandissent à l'unisson et il arrive souvent un moment où la manipulation monétaire paraît résoudre les problèmes de finances publiques.

La tricherie des pièces de Crésus a servi à financer ses ambitions de domination d'autres cités. L'inflation de l'Empire romain trouve son origine dans l'avilissement du *denarius* pour payer une administration toujours plus pléthorique. Un principe récurrent se dégage de l'Histoire : l'inflation monétaire dérive toujours en inflation des prix et fausse l'échange équitable.

En général, les gouvernements ont tendance à trop s'endetter, puis à pratiquer l'inflation monétaire pour faire croire qu'ils ont suffisamment d'argent et que la situation des finances publiques reste sous contrôle.

Nous avons vu le principe monétaire d'Oresme : « la mauvaise monnaie chasse la bonne », adossé à son principe économique « marchandise contre marchandise ». Oresme au XIVe siècle, Aristote en 500 av. J.-C. ou encore Hayek au XXe siècle se situent dans le même cadre de pensée.

Comme la monnaie est simultanément crédit et marchandise métallique, l'histoire de la banque flirte souvent avec celle du pouvoir. Inversement, le pouvoir – qui a toujours besoin d'argent – flirte avec la banque et aime avoir le monopole monétaire.

Lorsque la monnaie est métallique – d'or et/ou d'argent – et que les transactions se nouent surtout en espèces, le rôle des banques est limité. Lorsque la monnaie est surtout un registre de débits et crédits, les banques prennent plus d'importance.

Enfin, lorsque la monnaie n'est plus qu'un symbole sans valeur intrinsèque mais censé être adossé à une réserve métallique, les banques centrales prennent toute leur importance.

Les banques centrales sont aujourd'hui le pivot des monnaies platoniciennes (ces devises qui ne sont adossées à rien d'autre qu'une convention sociale) et administrées par les États. Les monnaies bancaires ont pris le dessus sur les monnaies métalliques.

Monnaie fiduciaire ou monnaie bancaire, les gouvernements préfèrent infiniment cette forme immatérielle, bien plus malléable que les métaux précieux. Aujourd'hui, les banques centrales sont devenues des organes essentiels de la « politique monétaire » qui – comme son nom l'indique – est *politique* et n'a plus rien à voir avec le contrôle de poids et pureté de métaux.

Le faux problème de la quantité de monnaie

Au fil de la période qui s'ouvre – celle de la déconstruction monétaire au profit de « systèmes » souhaitant évincer les métaux précieux – va surgir un faux problème qui servira de prétexte à l'interventionnisme : celui de la quantité de monnaie qui serait nécessaire à une économie. Cette réflexion s'est ouverte dès le tout début du XVIIe siècle avec John Law, comme vous allez le voir.

De grands cerveaux supposés omniscients prétendent que pas assez de monnaie entrave l'économie. De leur point de vue, l'utilisation d'une marchandise comme monnaie est par conséquent trop restrictive. La marchandise pourrait venir à manquer et l'activité économique s'en trouverait étouffée.

C'est parfaitement idiot. La monnaie n'est qu'un moyen, elle ne *fait* pas l'économie, elle ne crée pas de richesse.

Si la monnaie se fait rare tandis que les biens sont abondants, les prix exprimés dans cette monnaie baissent. La même quantité de monnaie permet d'acquérir plus de choses. Inversement si la monnaie abonde mais que la quantité de biens ou services échangeables stagne ou diminue, les prix exprimés dans cette monnaie augmentent.

Supposons que la monnaie qui se fait subitement rare soit de l'or. Une même quantité d'or permettra d'acquérir beaucoup plus de choses. Il viendra un moment où quelques personnes se diront : « Le pouvoir d'achat de l'or ne cesse d'augmenter. Je vais donc rechercher de l'or en payant des géologues, de l'énergie, etc. » Viendra ensuite un moment où ces investissements seront couronnés de succès et il y aura une plus grande quantité d'or disponible. À ce moment, le pouvoir d'achat de l'or reculera.

Les grands planificateurs veulent croire que les ressorts économiques ne sont pas les mêmes dans une petite organisation que dans une grande organisation ouverte. Certains économistes arrivent ainsi à des conclusions surprenantes telles que :

– plus on consomme, plus on devient riche ; d'où les plans de relance par la consommation
– plus on s'endette, plus on est riche ; d'où les politiques consistant à baisser les taux d'intérêt pour soutenir l'activité économique.

Pourtant, n'importe quel individu sait que pour s'enrichir, il faut produire, épargner et investir, et non pas consommer et s'endetter, sauf pour investir. La vraie prospérité se conquiert à coup de gains de productivité : faire plus et mieux en consommant moins, avec moins d'efforts et de charges. Ce qui est vrai à l'échelon individuel l'est *a fortiori* à l'échelon collectif.

> *« Ce qui fait qu'aujourd'hui nous nous déplaçons en voiture et pas à cheval, ce n'est pas que les gens se sont mis à consommer davantage au début du XXe siècle ; c'est que la voiture a été inventée. »*
>
> Damien Theillier[34]

N'en déplaise aux économistes planificateurs, une économie complexe est impossible à modéliser et à appréhender. Sa marche dépend de milliards de décisions prises par des individus qui ont chacun leur personnalité, leurs savoirs, leurs expertises,

---

[34] Professeur de philosophie, président de l'Institut Coppet.

leurs expériences et leurs motivations. La concurrence et les goûts de chacun font le tri dans ce qui ajoute quelque chose ou pas au bien-être, dans le succès ou l'échec de tels ou tels biens ou services.

L'or et la monnaie sont bien des intermédiaires de l'échange, mais pas de la richesse comme le théorisa Adam Smith[35].

Mais entre deux modèles monétaires, l'un du laisser-faire, l'autre constructiviste, le pouvoir préfère toujours le constructivisme dans lequel il a un rôle important à jouer.

Dès lors, les questions de quantités de monnaie, d'ajustement de ces quantités par le pouvoir en fonction d'une réserve de métal précieux et de banque centrale vont s'inviter sur le devant de la scène politique.

---

[35] L'auteur de *Recherches sur la nature et les causes de la richesse des nations*, publié pour la première fois en 1776, fut précurseur en matière de réflexion sur la valeur (dite valeur d'usage ou utilité) et le prix (dit valeur d'échange).

CHAPITRE 8

Des banques aux banques centrales

Les premières banques centrales sont apparues dès l'époque égyptienne sans véritablement survivre par la suite. Dans sa plus simple expression, le rôle d'une banque centrale consiste d'abord à monopoliser l'émission de monnaie. Il faudra attendre 1716 et le système de Law pour qu'une banque centrale se livre véritablement à des opérations monétaires complexes.

Premières expériences sans lendemain de banques centrales

Déjà à Sumer, certains commerçants faisaient crédit en demandant en gage des produits précieux. Ils proposaient aussi des locations de coffres. Avec la circulation des différentes monnaies se développe une activité de changeur en Lydie et en Grèce.

Peu après la banque publique d'Athènes (-329), la Banque Royale d'Alexandrie voit le jour sous les Ptolémée (-323 à -30 av. J.-C.). Cette banque détient un monopole accordé par l'administration très centralisée de l'Égypte qui peut ainsi contrôler tous les gros échanges et recouvrer l'impôt facilement.

On constate déjà à cette époque les bienfaits (pour le pouvoir) et les méfaits (pour les citoyens) d'une banque centrale :

« La Banque Royale et ses succursales à l'échelle des nomes[36] confèrent au souverain un rôle important dans toutes les affaires du royaume. (...)

La Banque Royale fait le lien entre le fermier qui a dû avancer sur son compte à la banque du nome le montant de l'impôt au roi, et les contribuables qui le remboursent en versant progressivement leur part. (...) La Banque Royale d'Alexandrie et ses succursales en Province reçoivent en outre toutes les sommes dues au trésor public, soit des contribuables, soit des percepteurs d'impôts ou des fermiers ; elles paient certaines dépenses royales, sous le contrôle de l'économe.

En Égypte, les prêts sont également pratiqués avec des taux d'intérêt considérables, jusqu'à 24 %, pratiquement le double des taux utilisés dans le reste du monde grec (à Delos et à Rhodes, les taux d'intérêt sont de 8 % à 10 %) ; taux offerts ou taux exigés, on peut se le demander ; le résultat certain est l'aggravation du mécontentement social dans l'Égypte lagide, en raison de l'endettement et des craintes de saisie, pouvant conduire à la vente des

---

[36] Un nome est une sorte de collectivité territoriale. L'Égypte ancienne en comptait de 38 à 42.

débiteurs royaux comme esclaves. Les capitaux étrangers ne pénètrent en Égypte que par l'entremise des rois, qui veillent à en réguler le flux, pour éviter une chute des taux d'intérêt. »³⁷

Pierre Cabanes

L'analyse de cet historien nous montre aussi le revers de la médaille, les méfaits, pour les malheureux Égyptiens, du monopole d'une banque centrale : étau fiscal, contrôles des capitaux, taux d'intérêt bien plus élevés que ce qu'ils auraient pu trouver sur le marché libre. **Les banques centrales ne sont jamais créées pour servir le citoyen mais pour servir les banques...**

Vous me direz que les banques sont elles-mêmes au service de clients ; c'est exact dans la mesure où elles pratiquent l'intermédiation du crédit : prêter l'argent d'épargnants ou d'investisseurs à des entrepreneurs en mal de capitaux, d'une part ; assurer la sécurité des dépôts confiés et éventuellement la sécurité des déplacements de fonds d'un point à un autre, d'autre part. Au début, la banque était d'ailleurs un service réservé aux gens fortunés. Mais comme nous le verrons, ce service n'existe plus vraiment.

Les banques centrales sont toutefois d'une espèce différente des banques commerciales. Elles sont le

---

³⁷ *Nouvelle histoire de l'Antiquité – Le monde hellénistique de la mort d'Alexandre à la paix d'Apamée,* Éditions du Seuil, 1995.

plus souvent créées par le pouvoir en place qui veut avoir un droit de regard sur les transactions et assurer une mutualisation des risques des banques. J'insiste : il s'agit des risques des banquiers et non pas des risques des déposants. La nuance est de taille. Les banques centrales sont d'abord au service des États et des banques commerciales ; elles ne sont pas au service des simples particuliers. Plus la monnaie est immatérielle, plus la banque est nécessaire, plus le besoin d'une banque centrale se fait pressant pour le pouvoir pour contrôler ce qu'il se passe dans les banques commerciales.

L'émergence des premières monnaies papier en Chine dès le VIIe siècle

Au fil des siècles, les activités bancaires vont prospérer au gré du développement des échanges et des circuits commerciaux ou au contraire régresser au rythme des guerres et des barrières frontalières.

Beaucoup de grands marchands et d'armateurs étaient aussi banquiers dans l'Europe du haut Moyen Âge et de la Renaissance. Pour payer une livraison et solder une transaction, il est plus aisé de transférer une lettre de crédit ou de change que de transporter une cargaison de métal précieux sur des routes incertaines.

Les premières expériences de monnaie papier, dérivées des lettres de crédit, ont vu le jour en Chine sous la dynastie des Tang (618-907). Les marchands déposent leurs valeurs auprès de leur corporation et obtiennent en reçu des billets au porteur ou « Hequan » qui commencent à s'échanger couramment.

L'administration impériale reprend l'idée à son compte et incite les commerçants à déposer leurs monnaies métalliques en échange des « billets de contrepartie » officiels, appelés Feyt-hsian ou « monnaie volante ». Un nom poétique prédestiné, car la valeur de ces monnaies ne va pas tarder à se volatiliser.

Sous la dynastie Yüan (1279-1367), le papier-monnaie devient finalement le seul moyen d'échange légal. Enfin, à partir de 1380, sous la dynastie Ming (1368-1644), le ministère des Finances centralise l'émission des billets.

Les émissions prévoyaient des coupures de 100-200-300-400-500 wen et de 1 guan, chaque guan valant 1 000 pièces de cuivre ou un liang (1 tael) d'argent et 4 guan valant un liang d'or[38].

---

[38] Kann E., *History of Chinese paper money (ancient)*, International Banknote Society, 1963.

La tyrannie par la monnaie

Billet de banque de 200 wen de la dynastie Ming (1368-1644)

Crédit : John E. Sandrock

Marco Polo nous a conté cette monnaie papier :

« C'est dans la ville de Khanbalik que le grand Khan possède sa monnaie (…). En effet, on y fabrique du papier-monnaie à partir de l'aubier du mûrier, l'arbre dont les feuilles nourrissent le ver à soie. L'aubier, entre l'écorce et le cœur, est extrait, broyé, puis mélangé à de la colle et comprimé en feuilles semblables à des feuilles de papier coton, mais complètement noires. La méthode d'émission est très formelle, comme s'il s'agissait d'or ou d'argent pur. Sur chaque coupon destiné à devenir un billet, des fonctionnaires spécialement désignés inscrivent leur nom et apposent leur cachet. Lorsque le travail est fait selon les règles, le chef nommé par le Khan imprègne son sceau de colorant et appose sa

marque vermillon en haut de la feuille. C'est alors que le billet devient authentique. Ce papier est ensuite répandu dans tous les domaines de Sa Majesté, et personne n'ose, sous peine de la vie, refuser de le recevoir en paiement. » [39]

Notons que les Chinois semblent être précurseurs de ce qu'on appelle le « cours forcé ». Cette expression signifie que vous êtes obligé d'accepter la monnaie papier d'État, et uniquement celle-là, sinon de graves ennuis pourraient s'abattre sur vous. Ne vous aventurez pas à vouloir des métaux précieux.

Par la suite, comme vous vous en doutez déjà, ce qui devait arriver arriva...
Les parités entre monnaie papier et métaux ne tardèrent pas à dériver. 1 guan qui valait 1 000 pièces de cuivre en 1380 n'en vaut plus que 0,28 en 1535. Le guan a donc perdu 99,962 % de sa valeur en 155 ans.

Ne ricanez pas de cette première expérience, vous verrez que celles de l'Occident furent pires et que le dollar a quant à lui déjà perdu plus de 99,95 % de sa valeur depuis 1913, soit 105 ans. Mais retournons dans un passé plus lointain, en Europe, où l'or et l'argent ont cours. Ceci n'empêche pas quelques bavures financières...

---

[39] Reproduit dans le *Journal de l'économie* du 23 octobre 2014 qui cite la source *Le devisement du monde. Le livre des merveilles,* par Marco Polo, adapté par Arthur-Christopher Moule, Éditions La Découverte.

Abondance de dettes, de monnaie et de mauvais payeurs au XIVᵉ et XVIᵉ siècles

Philippe Le Bel, roi de France de 1285 à 1314, recourut au faux-monnayage et persécuta ses prêteurs pour non seulement ne pas rembourser sa dette mais mettre la main sur l'argent de ses riches créditeurs. Par la suite, lorsque le roi d'Angleterre, Edouard III Plantagenêt[40] (petit-fils de Philippe Le Bel), fut incapable de payer ses dettes au début de la guerre de Cent Ans, les grandes banques italiennes qui lui avaient prêté inconsidérément firent faillite.

Les premières banques forgèrent leur richesse sur les échanges et le commerce, mais déjà la tentation politique est là : prêter aux monarques permet certains arrangements… Le capitalisme de copinage ou de connivence est aussi vieux que la banque et les trous dans les finances publiques.

La puissance de la banque italienne trouvait ses racines dans la route de l'ambre puis la route de la soie, les deux plus importantes artères du commerce international de l'époque.

Toutefois, au milieu du XVIᵉ siècle, presque cinquante ans après la découverte du Nouveau Monde, la finance italienne décline doucement ; les ports de

---

[40] 1312-1377, fils d'Isabelle de France, elle-même fille de Philippe Le Bel.

Venise et Gênes sont concurrencés par ceux de l'Europe du Nord ; le trafic qui vient des Indes et des Amériques aborde par les côtes ouest de l'Europe et non plus par les ports italiens.

Dans le même temps, l'Europe se retrouve en crise économique, inondée par l'or et l'argent « faciles » venus des Amériques. L'abondance soudaine de ces métaux, dépensés sans compter par le Portugal et l'Espagne, propagent l'inflation. La contestation et les idées nouvelles se diffusent plus vite par l'imprimerie, née en 1452 et « nouvelle technologie » de cette première mondialisation.

Dès 1521, la Réforme pointe le bout de son nez dans le Saint Empire romain germanique où les banquiers des Habsbourg, les Fugger, règnent en maîtres. Ils ont « acheté » l'élection de Charles Quint en lui avançant une somme considérable ; les Fugger sont en outre impliqués dans le commerce des indulgences, lucrative activité initiée par l'ancêtre de cette dynastie de banquiers, Jacob.

Les indulgences et les prêts à intérêt : deux ferments de la Réforme

Les indulgences et les prêts à intérêt furent au centre des réflexions des théologiens protestants : à qui appartient le temps, quelle est sa valeur, est-elle monnayable ?

La pratique des indulgences consistait pour un croyant à s'acquitter d'une obole au clergé et recevoir en échange un certificat attestant que la durée de purgatoire du donateur, ou d'un tiers désigné par lui ou d'un défunt, serait abrégée[41]. Voici ce que vendait le moine Tetzel, un des commis les plus persuasifs du plus puissant banquier de l'époque, Fugger :

« *Les indulgences ne sauvent pas les vivants, elles sauvent aussi les morts. Prêtres ! Nobles ! Jeune fille ! Jeune homme ! Entendez vos parents et vos proches qui sont morts et qui vous crient du fond de l'abîme : "Nous endurons un horrible martyre ! Une petite aumône nous délivrerait ; Vous pouvez la donner, et vous ne le voulez pas" [...] À l'instant même que la pièce de monnaie retentit au fond du coffre-fort, l'âme part du purgatoire et s'envole délivrée vers le Ciel.* » [42]

Les protestants s'insurgent contre ces pratiques. Les Hommes ne peuvent déterminer s'ils sont rachetés. Seul Dieu le peut et on ne peut aliéner la liberté de Dieu par d'obscures transactions terrestres. Pour Luther et Calvin, les indulgences consistent à vendre un service qu'on ne peut rendre et il faut les condamner comme une escroquerie.

Si les protestants rappelaient le principe que le temps de l'au-delà n'appartient qu'à Dieu, ils

---

[41] Et donc l'entrée au Paradis accélérée.
[42] Thèse 27 de Martin Luther.

n'étaient pas, à l'opposé des catholiques, hostiles à la pratique du prêt à intérêt. Les catholiques suivaient sur ce point les pas d'Aristote et de Thomas d'Aquin et présentaient deux arguments pour condamner le prêt à intérêt :

– si l'argent rapporte de l'argent, alors l'argent peut devenir un but, une fin, et non plus un moyen

– le temps (terrestre) n'appartient qu'à Dieu et on ne peut donc le vendre.

Les protestants – qui avaient déjà défié la banque en condamnant le commerce des indulgences – se montrent plus souples sur les prêts à intérêt. Ils arguent que la gestion du temps terrestre est l'affaire de chacun et que la religion n'est pas compétente en matière financière. Ils ne dédaignent pas la rémunération de l'épargne qu'ils voient comme une appréciation dans le temps de la valeur d'un travail déjà réalisé. Ils vont tout de même fixer un intérêt maximum de 5 %.

Ces réflexions vont induire un clivage sur la façon d'envisager la monnaie, l'épargne et l'industrie financière entre les protestants anglo-saxons et germaniques d'une part et les catholiques latins d'autre part. Ce clivage va façonner deux mentalités, deux approches que nous voyons encore à l'œuvre aujourd'hui.

— D'une part, l'adoption de systèmes de retraites par capitalisation chez les « buveurs de bière »[43] et de systèmes de retraite par répartition chez les « buveurs de vin » au XXe siècle.
— D'autre part, une conception de l'euro divergente entre les buveurs de bière attachés à une monnaie forte et dont l'économie est à haute valeur ajoutée et les buveurs de vin attachés à une monnaie faible pour pouvoir exporter à bas coût.

Tous les ferments de la future crise de l'euro sont déjà là, dans le courant de la Réforme.

Les premières faillites de souverains ayant émis trop de dettes

La manne financière des indulgences va progressivement se tarir, mais l'Europe finance désormais une nouvelle activité également très lucrative : le commerce triangulaire. Celui-ci prend son essor, d'abord entre les mains des Juifs et marranes espagnols et portugais, car l'esclavage est toléré en Espagne et au Portugal.

Les grands marchands, qui sont aussi souvent banquiers, accumulent des fortunes. Hélas, ils dé-

---

[43] À tout seigneur, tout honneur : cette image associant « buveur de bière » et anglo-saxon ou germain d'une part et « buveur de vin » et latin d'autre part vient de Charles Gave, brillant chroniqueur financier.
https://institutdeslibertes.org/chypre-plus-quun-crime-une-faute/

laissent les investissements «productifs», comme nous dirions aujourd'hui. Ils s'impliquent peu dans l'artisanat pourtant en plein essor et préfèrent recycler leurs bénéfices en prêts à intérêt aux puissants monarques d'humeur belliqueuse : Charles Quint, puis Philippe II d'Espagne, les Tudor en Angleterre, François Ier en France.

Les créances douteuses des souverains ne tardent pas à s'entasser et les banqueroutes royales s'ensuivront (1557 et 1575 pour Philippe II d'Espagne).

Crise économique, argent facile, mauvaises dettes souveraines, capitalisme de copinage : les ressemblances avec notre époque sont nombreuses. L'afflux de métaux précieux en provenance du Nouveau Monde pourrait être vu comme ayant eu un effet d'assouplissement quantitatif[44] tel que le pratiquent aujourd'hui nos banquiers centraux. C'est bien la multiplication presque sans effort de la monnaie métallique qui a poussé le roi d'Espagne – la grande puissance de l'époque – au surendettement.

Retenons de cette époque que la dette d'État – loin d'être sûre – vous expose au risque. Lorsqu'un État a besoin d'emprunter autrement que ponctuellement et multiplie les émissions de dettes souveraines, c'est

---

[44] *Quantitative easing* ou encore *Outright monetary operations* qui consistent pour un banquier central à émettre du crédit gratuit et sans contrepartie pour donner des marges de manœuvre aux banques en difficulté.

de toute évidence que les ambitions du pouvoir en place dépassent les capacités financières des contribuables.

Durant des siècles, cependant, la dette d'État trouva preneur sans avoir besoin de banque centrale. Lorsque les banques commerciales avaient l'imprudence de trop prêter aux puissants de l'époque, elles faisaient faillite, tout simplement, entraînant dans leur triste sort les riches individus qui leur avaient fait confiance[45]. Quant au contrôle des émissions monétaires adossées à une réserve de métaux précieux, l'expérience de monnaie papier chinoise était restée cantonnée en Chine sans descendance.

Pas pour très longtemps...

Entre en scène l'Écossais John Law de Lauriston qui va se livrer en France, en 1716, à une expérience monétaire inédite mélangeant monnaie papier, banque centrale et bulle boursière.

Le « système » de Law et la première banque centrale de l'époque moderne

Comme beaucoup de désastres financiers de grande ampleur, tout part de l'État. C'est bien nor-

---

[45] Et qui avaient le loisir de méditer sur les dangers de prêter à quelqu'un qui a une armée.

mal, la capacité d'endettement d'un pouvoir – qui a le contrôle des contribuables – est plus importante que celle du plus riche de ses contribuables.

À la mort de Louis XIV, les caisses du Trésor sont sidéralement vides.

« La charge annuelle de remboursement de la dette atteint 165 millions de livres alors que les recettes fiscales ordinaires ne dépassent pas 69 millions de livres. Dans les caisses, il ne reste que 800 000 livres de trésorerie. » [46]

Problème classique de tout souverain ou de tout pouvoir en difficulté : comment avoir de l'argent contre rien ? Nous avons vu l'avilissement de la monnaie métallique (Crésus, Empire romain, Philippe Le Bel) et l'endettement. Banal. Voici venir la méthode moderne : banque centrale, endettement, création monétaire, « assouplissement quantitatif » et « produits dérivés ». Tout ceci germa au début du XVIIIe siècle dans la tête d'un seul homme.

John Law – dandy fortuné, spéculateur heureux, joueur et auteur de *Considérations sur le numéraire et le commerce* – fut cet homme.

John Law était le fils d'un orfèvre d'Édimbourg. Cette profession faisait aussi office de banque et coffre-fort. Les marchands confiaient à l'époque aux

---

[46] Le système de Law. Herodote.net :
https://www.herodote.net/2_mai_1716_26_janvier_1721-evenement-17160502.php

orfèvres leurs métaux précieux pour les mettre en sécurité. Par la suite, les clients souhaitèrent payer sans mouvements métalliques. Les orfèvres développèrent donc une comptabilité et commencèrent à tenir les comptes courants de leurs clients. Ils facturaient un droit de garde sur les dépôts précieux. Des billets à ordre commencèrent à circuler, ils permettaient à quelqu'un d'effectuer un retrait sur le compte de celui qui avait émis le billet. Puis ces billets devinrent « endossables » : celui qui les détenait pouvait transférer ses droits de retrait à quelqu'un d'autre. Enfin, ils devinrent négociables, ce statut étant entériné par une loi du Parlement anglais.

À la fin du XVIIe siècle, les orfèvres prennent l'habitude de prêter les dépôts de leurs clients, ne conservant qu'une réserve de 10 %. Ils font partager à leur clientèle une partie des profits et les dépôts sont rémunérés, ce qui leur attire encore plus de déposants. Mais voilà qu'en 1672, le Trésor royal fait défaut sur un remboursement de fonds avancés par les orfèvres de Londres, provoquant une crise bancaire.

John Law – qui connaissait tout cela – était cependant convaincu qu'il fallait plus de monnaie pour produire plus de commerce. Nous le qualifierions aujourd'hui de keynésien monétariste.

Le vice de ce raisonnement se détecte facilement : il est contraire au principe que le seul échange potentiellement gagnant-gagnant est celui qui consiste à échanger quelque chose contre autre chose. La monnaie n'est qu'un aspect transitoire de l'échange, un outil logistique au même titre que le transport ou l'emballage, par exemple. Ce n'est pas parce que vous créez plus de cartons d'emballage que vous augmentez le volume du commerce. La monnaie ne « fait » pas le commerce.

Évidemment, le crédit ou la monnaie papier se prêtent mieux à de telles idées que l'or ou l'argent. Par conséquent, les doctrines monétaires à la Law souhaitent toujours se débarrasser des métaux précieux et les remplacer par du papier.

Law fut le premier à prétendre qu'on peut ajuster la quantité de monnaie de façon optimale pour doper le commerce. Ce fut aussi le premier Occidental à vouloir remplacer dans le système monétaire l'or par la monnaie papier, bien plus souple et malléable au sens propre comme au sens figuré.

Dans la France ruinée par Louis XIV, ça tombait bien, il allait trouver une oreille très attentive. Plus de monnaie pouvait alléger les soucis de fin de mois du gouvernement. Encore fallait-il que le public morde à l'hameçon...

En dehors de cette conjoncture économique favorable, les Français constituaient des cobayes plus faciles à manœuvrer que les Anglo-saxons, Bataves, Flamands ou Germains. Traditionnellement, les buveurs de bière sont des marchands, préfèrent le droit coutumier, qui entérine un état de fait, à une approche centralisée et autoritaire.

En France, « fille aînée de l'Église », les activités de crédit et banque restent plutôt mal considérées, et les protestants, dont beaucoup possédaient une expérience bancaire et financière, ont fui le pays après la révocation de l'édit de Nantes en 1685. L'expertise et la compréhension financières étaient donc moins développées dans notre pays.

John Law avait en vain proposé son système et ses services en Angleterre en 1704, en Écosse en 1705 et même en Savoie en 1710. C'est en France qu'il pourra déployer son expérience et ses talents.

*Portrait de John Law
par Casimir Balthazar*

Crédit : Wikicommons

La nécessité pressant le régent Philippe d'Orléans face à ses cassettes royales désespérément vides et incapable de rembourser les emprunts émis par Louis XIV, les scrupules sur l'activité bancaire seront vite remisés.

En 1716, un édit royal autorise John Law à créer la Banque générale, d'abord privée, qui deviendra dès 1718 Banque Royale et donc d'État. Figurent initialement au capital John Law et le régent.

Cette banque reçoit des dépôts en or et émet des billets qu'elle s'engage à rembourser en or et en argent. Malgré un modeste capital initial de 6 millions de livres, la confiance est là. Les billets de la banque – réputés aussi bons que l'or ou l'argent – commencent à circuler.

Dès 1717, les billets de la banque de Law sont reçus comme argent comptant par tous les receveurs et fermiers du roi. Autrement dit, ils permettent à leurs détenteurs de s'acquitter de leurs impôts, caractéristique qui leur confère désormais un statut de monnaie d'État.

Les petites coupures sont de 10, 40, 100 et 1 000 « écus de 6 livres pour une taille de 8 au marc ». Les billets représentent de 60 à 6 000 livres tournois. Il s'agissait de grosses sommes pour l'époque, qui correspondaient à des salaires mensuels ou même annuels. Pour donner un ordre de grandeur, un cuisinier gagnait environ 950 livres l'an, un laquais

540 livres, un jardinier quelque 400 livres et un capitaine environ 2 400 livres l'an. Un ouvrier non qualifié recevait un peu moins d'une livre par jour, soit environ 15 sous, un ouvrier qualifié presque le double[47].

Les premiers billets portaient la mention « *la Banque promet payer au porteur à vue [montant] livres tournois en espèce d'argent, valeur reçue* ».

En novembre 1717, la Banque générale nationalisée se transforme en Banque Royale.

Cette diffusion dans un large public aisé d'une monnaie papier convertible en or ou en argent à première demande est une grande innovation par rapport aux certificats de dépôts. Ceux-ci étaient restés jusque-là l'apanage des seuls orfèvres, banquiers et grands marchands qui souhaitaient éviter les risques des mouvements physiques d'or ou d'argent. On retrouve ici l'organisation des monnaies papier chinoises.

John Law a créé en Occident la première monnaie fiduciaire, ne reposant que sur la confiance. Platon frétille d'aise dans sa tombe de voir son idée de « monnaie = convention sociale » se concrétiser de façon si magistrale.

John Law rachète ensuite la Compagnie du Mississippi dont l'objet est la mise en valeur de la

---

[47] https://fr.wikipedia.org/wiki/Discussion:Livre_tournois

Louisiane. Cette société avait été créée en 1712 par le sulfureux financier Antoine Crozat, première fortune de France au temps de Louis XIV. Rattrapé par le régent pour des impôts impayés et soumis à une colossale amende fiscale, Antoine Crozat rétrocède à la couronne cette société et son monopole du commerce hors taxe en Amérique du Nord. La Compagnie du Mississippi, arrivée entre les mains de Law, devient la Compagnie d'Occident.

John Law passe alors à la deuxième étape de son plan.

Le retrait de la dette d'État et la première opération de *quantitative easing*

La Compagnie d'Occident émet des actions (d'une valeur de 500 livres) qui peuvent être achetées à la Banque Royale (celle de l'État, donc) en apportant en paiement des titres du Trésor à court terme. Donc, on échange de la dette souveraine contre des actions d'une compagnie.

C'était une aubaine pour les détenteurs de ces titres du Trésor, car ils ne rapportaient plus rien à leurs porteurs. Le Trésor – à sec, comme vous vous en souvenez – oubliait de payer les intérêts. Plus grave, la valeur de ces titres avait énormément chuté (de 66 %) puisqu'ils rapportaient de moins en moins. C'est comme si aujourd'hui, la valeur en capital de votre assurance-vie en euros avait chuté de

66 % sur le marché mais qu'on vous reprenait 100 % de sa valeur initiale en échange d'actions d'une entreprise ayant comme actifs d'immenses territoires regorgeant de matières premières.

La reprise au nominal des titres du Trésor par la Banque Royale est donc vue comme une aubaine par leurs malheureux détenteurs ! La Compagnie d'Occident devient ainsi un instrument de gestion de la dette publique ; elle arrive à retirer de la circulation 40 % des billets d'État (soit 100 millions de livres de dette à court terme de la France). Étrange levée de fonds qui ne rapporte rien à la Compagnie d'Occident, mais ce détail suspect n'est pointé que par quelques rares grincheux, dont Voltaire...

Grâce à une campagne publicitaire habilement menée, le potentiel de la Louisiane et de ses marécages à moustiques fait rêver les spéculateurs. Cette lointaine province était supposée regorger de diamants, de rubis, d'or, de fourrures... Très peu de monde y était allé et encore moins revenu avec des échantillons de ces merveilles. Mais ces rêves suffisent aux anciens détenteurs de billets du Trésor dépréciés qui ont désormais de belles actions de la Compagnie d'Occident dont la future prospérité leur semble assurée.

Le régent apprécie de plus en plus John Law qui lui retire ainsi une sacrée épine du pied.

Cher lecteur sagace, vous n'avez pas manqué de reconnaître que John Law a introduit deux innovations magistrales :

- la monnaie papier d'État qui circule sans problème de confiance. Cette monnaie est certes échangeable contre de l'or et de l'argent, mais c'est la première fois que du papier s'impose à grande échelle.
- une élégante opération de QE (*quantitative easing*) ou OMT (*outright monetary operations*) : les emprunts d'État sont retirés de la circulation et repris par la Banque Royale en échange d'actions.

C'est exactement ce qu'a fait Mario Draghi à la tête de la Banque centrale européenne durant la crise de la dette en euros. Il a racheté des emprunts d'État pour éviter aux pays surendettés de la zone euro d'avoir à payer des intérêts. Mario Draghi va cependant un peu plus loin que John Law, car il n'échange pas la dette d'État contre des actions d'une quelconque entreprise bidon, mais contre des « liquidités » (donc des lignes de crédit) distribuées aux banques commerciales de l'Eurozone qui détenaient de la dette de leur État.

Mais revenons en ce début du XVIIIe siècle.

Pendant un temps, les actions de la Compagnie d'Occident vivotent, restant en dessous de leur cours d'émission. Pour « animer le marché », comme on dirait de nos jours, Law rachète deux autres compagnies criblées de dettes : la Compagnie des Indes orientales et la Compagnie de la Chine. Il procède à une nouvelle émission d'actions (les « filles ») vendues au prix de 550 livres pour un nominal de 500 livres. Les 50 livres sont payables en espèces sonnantes et trébuchantes, mais les 500 livres peuvent être payées en billets de banque. De nouvelles émissions vont ensuite se succéder, enchaînant les innovations : actions payables en mensualités, ventes d'options d'achat d'actions...

Law ne prenait jusque-là que de la dette souveraine à court terme. Il restait encore à trouver un tour de passe-passe pour purger la dette à long terme.

Notre génie de la finance propose alors au régent que la Compagnie d'Occident prête à la France de l'argent – 1,2 milliard de livres – au taux très avantageux de 3 %. Il s'agit évidemment de l'argent des souscripteurs de la Compagnie d'Occident (ou Compagnie des Indes) qui avaient payé comptant leurs actions. La Compagnie d'Occident n'a toujours pas de revenus provenant de la mise en valeur de la Louisiane. Et pour cause : cette opération n'a jamais commencé faute d'investissements. Le montant du prêt servira donc à rembourser la dette à long terme de la France et le résidu de la dette à court terme.

Cet incroyable montage financier rencontre un succès fou. Comment penser qu'en remplaçant simplement une dette par une autre, qu'en remboursant un emprunt en contractant un autre emprunt, les finances publiques s'en trouveraient par miracle assainies ? En outre, si la Compagnie d'Occident utilise les capitaux qu'elle a levés pour racheter la dette d'État et combler les trous de la cassette royale, avec quel argent mettra-t-elle en valeur les terres de Louisiane, construira-t-elle la flotte nécessaire au commerce ? Mystère et boule de gomme.

Qu'importe.

En dépit du bon sens le plus élémentaire, le cours des actions de la Compagnie d'Occident flambe. Initialement émis en 1717 à 500 livres, les titres se négocient à 5 000 livres en septembre 1719 et à 10 000 livres en janvier 1720. Law, au faîte de sa gloire, est nommé contrôleur général des finances par le Régent.

Plus dure sera la chute…

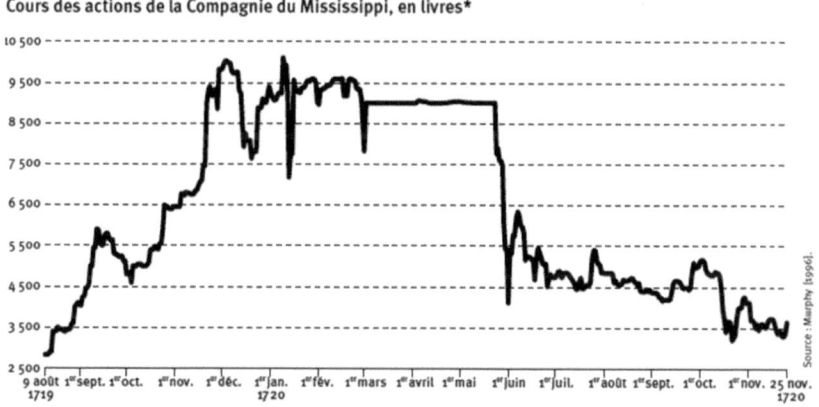

Cours des actions de la Compagnie du Mississippi, en livres*

*Bien qu'il n'y ait eu aucun cours pour mars 1720, la Compagnie garantissait le prix à 9 000 livres.

La combinaison de millions de billets de banque et de titrisation[48] de biens largement surévalués produisit le désastre prévisible.

En mars 1720, le prince de Conti se rend à la Banque Royale avec ses billets et demande à les échanger en or. Il part avec trois chariots chargés d'or. Il fut suivi par le duc de Bourbon. D'autres pensèrent alors que le moment était venu de matérialiser leur nouvelle fortune. Hélas, il n'y avait d'or que pour 20 % des billets en circulation. Pour tenter de prévenir le désastre et dissuader les demandes de remboursement en or, un édit royal dévalua les billets face à l'or. La détention de métaux précieux au-delà de 500 livres fut interdite, la dénonciation des contrevenants encouragée. Mais rien n'y fit.

Les gens continuaient à se présenter au guichet, voulant partir avec de l'or.

Finalement, la banque ferma.

Les billets de Law étaient devenus sans valeur.
Les actions de la Compagnie de l'Occident achetées avec ces mêmes billets étaient elles-mêmes devenues sans valeur.

Dans un ultime soubresaut de folie, il fut décrété que la Compagnie rachèterait ses propres actions

---

[48] La titrisation est une opération financière qui consiste à émettre des titres (actions, parts...) d'un actif donné (immobilier, foncier, entreprise...).

avec des billets fraîchement imprimés grâce à un nouvel édit royal. Pour tenter de faire croire que ces billets avaient une valeur, les pièces d'or furent interdites.

Il en résulta une rapide augmentation des prix délirante, peut-être la première hyperinflation.

Le régent épargna à la population la peine de mort pour augmentation de prix injustifiée, solution expérimentée par l'empereur Dioclétien.

L'or redevint légal.

Dans une ultime tentative pour récupérer un peu d'or avec leurs billets, quinze personnes furent écrasées par la foule rue Quincampoix au siège de la Banque Royale.

Cette histoire fut appelée à tort la Bulle du Mississippi. En réalité, il s'agit de la tromperie de la monnaie fiduciaire.

Vous ricanez, vous trouvez les contemporains de John Law naïfs ?

« Si Law revenait parmi nous, trois cents ans après son premier séjour terrestre, il aurait quelques motifs de satisfaction.

On retrouve en effet dans l'histoire économique et monétaire de l'après-guerre, en particulier depuis

1971, la plupart des ingrédients qui ont fait la réussite et l'échec de son système : la démonétisation de l'or, une bulle d'actifs entretenue par une politique de taux bas en totale déconnexion de l'économie réelle, des émissions d'actions et de billets qui, sans toujours atteindre la sophistication de nos produits dérivés, n'avaient de contrepartie que dans la titrisation de dettes anciennes et nouvelles. »

Nicolas Buat, *John Law, La dette ou comment s'en débarrasser*[49]

Ironie du sort, par la suite, on découvrira que la Louisiane, réellement riche, regorgeait d'or... noir ! Parce qu'on utilisa les barils étanches (ou barriques) des Français cajuns pour recueillir le premier pétrole, l'unité de volume du pétrole est devenue le baril.

Mais quittons la Louisiane et revenons à la monnaie, à la monnaie d'État et aux banques centrales.

Un désastre monétaire se produit toujours lorsque les États dépensent trop et se retrouvent à court d'argent.

Les États tirent leur argent soit des contribuables, soit des prêteurs. Lorsque le contribuable n'a plus que la peau sur les os, les prêteurs étrangers prennent peur et renâclent. C'est à ce moment

---

[49] Les Belles Lettres, 2015.

que le gouvernement acculé à la faillite dégaine son arme ultime : fabriquer de la monnaie. C'est là que le délire commence.

Fabriquer de la monnaie est bien plus simple lorsqu'on la contrôle et il est plus facile de contrôler du papier ou de faire surgir du crédit adossé à rien que de trafiquer des métaux. Avec une monnaie métallique, il faut appauvrir en métal noble les pièces d'or ou d'argent (méthode Crésus) ou encore les rogner (méthode romaine), l'un n'excluant pas l'autre (méthode Philippe Le Bel).

Les États préfèrent infiniment la monnaie papier à une référence aux métaux précieux nettement plus contraignante. Cette monnaie qui ne repose que sur la confiance dans une convention sociale est dite fiduciaire.

À la fin du XXe siècle, un raffinement supplémentaire a été apporté à la monnaie fiduciaire : même plus besoin de papier ! Il suffit de créer des unités de compte, du crédit, dans le système monétaire et financier et ses vastes réseaux informatiques qui contiennent les registres de dette.

Mario Draghi, héritier de John Law

Pour que certains États européens ne soient pas acculés à la faillite, Mario Draghi a décidé de racheter leurs dettes : des emprunts d'État mais aussi des dettes d'entreprises dans lesquelles ces mêmes États ont de fortes participations. La BCE injecte ainsi de la monnaie-crédit toute fraîche dans le circuit financier, à charge pour les banques commerciales de la redistribuer à qui a leurs faveurs.

En concentré, nous avons aujourd'hui tous les bons ingrédients d'un désastre financier : des États ruinés, des gouvernements aux abois pour satisfaire des électeurs aux aspirations sociales illimitées, le remplacement de la monnaie métallique par de la monnaie papier, le rachat des dettes souveraines d'abord à court terme puis à long terme avec une monnaie fiduciaire imposée de force. Rappelons que seul l'euro a « cours légal » dans l'union monétaire. Reste encore à venir la prévisible débâcle.

J'ai volontairement simplifié les montages de Law. N'oublions jamais que la complexité est l'arme préférée des escrocs et de la bureaucratie. Dans ce cas précis, il serait plus juste de parler de « parasitocratie ». Car nous avons affaire à une caste qui forge ou détourne lois et règlements à son profit, crée des montages complexes et impénétrables pour le profane et ainsi fausse les échanges pour obtenir un avantage indu.

Plus c'est compliqué, plus c'est louche

Nous avons vu que le système de Law était complexe et nécessitait une solide culture financière : émission de billets monétaires, titrisation, montage avec une société-écran, augmentation de capital, options sur des actions...

Les milliers de pages de réglementation du secteur financier dites accord de Bâle 4, ou aux États-Unis celles du Dodd-Frank Act, doivent aujourd'hui vous mettre la puce à l'oreille.

Depuis la crise de 2008, de l'autre côté de l'Atlantique, la réforme de Wall Street concrétisée par le Dodd-Frank Act s'étale sur 848 pages (plus de 900 000 mots). Cette réforme a créé deux nouvelles agences : le Conseil de supervision de stabilité financière et le Bureau de protection financière du consommateur. Elle enjoint aux régulateurs de créer 400 nouvelles règles.

Par comparaison, la Constitution américaine contient 4 543 mots.

« *Quiconque pense que le système financier mondial a été rendu plus stable par une législation comme le Dodd-Frank Act est un optimiste. L'inverse pourrait même être vrai, car la nouvelle réglementation pourrait avoir restreint les capacités des autorités à circonscrire une contagion (par exemple une fuite devant les engagements à court terme non garantis).* »

Nial Ferguson[50]

---

[50] Historien britannique, auteur de *The Square and the Tower*.

Ferguson rappelle également qu'il y a un siècle, la Banque d'Angleterre faisait un discours par an. Dans la seule année 2016, elle en a rédigé 80, a publié 62 rapports, tenu près de 200 consultations, ouvert plus de 100 blogs et publié 100 statistiques. Au total, plus de 600 publications s'étalant sur 9 000 pages...

Pourquoi le système financier et monétaire moderne nécessite-t-il ces tombereaux de paperasse, communiqués et statistiques, pourquoi est-il devenu incompréhensible sauf pour quelques experts ?

Simplement parce que c'est une arnaque. On ne peut pas vraiment réguler une escroquerie. On ne peut que la camoufler.

L'escroquerie monétaire et financière contemporaine est double. Elle consiste à faire admettre que :
– L'administration de la monnaie est faite dans le souci du bien collectif.
– Votre argent en banque est toujours disponible et c'est bien le vôtre.

En réalité, l'administration de la monnaie est faite dans le but de préserver de la faillite l'élite en place et de la maintenir au pouvoir. Votre argent en banque n'est plus le vôtre, il est pris en otage. Pour le récupérer, vous devez justifier de l'usage que vous allez en faire. Pourtant, une consigne ne vous demande aucune justification autre que votre reçu pour vous rendre ce que vous y avez déposé.

Le système actuel crée son propre argent, son propre crédit à l'infini selon ses besoins, comme nous le verrons. Les États sauvent les banques et les banques financent les États. Mais le garant, le débiteur, c'est toujours vous.

Si la débâcle du système de Law a touché 10 % de la population française, celle du système monétaire actuel touchera 100 % de la population, comme en Allemagne avant la Seconde Guerre mondiale, comme en Hongrie, comme au Venezuela. Tout le monde en sera victime sauf les privilégiés qui ont mis en place le « système ». Eux sauront quel est le bon moment pour charger de l'or dans leurs carrosses.

On parle de la catastrophe de Law comme de la « Bulle du Mississippi ». Pourtant, il ne s'agit pas d'une simple bulle spéculative comme celle de la Tulipe (1637) ou celle de la bulle des mers du Sud (1720), spéculations touchant essentiellement le marché du négoce des actions. Il s'agit bien d'un « système » – comme l'appelait Law lui-même – un système monétaire, bancaire et financier très élaboré.

L'adjectif « systémique » né après la dernière grande crise financière de 2008 désigne quelque chose de dangereux pour le « système ».

L'arnaque de notre système actuel est un peu plus compliquée dans sa forme que celle de John Law, mais elle reste la même sur le fond : des montages financiers complexes pour obtenir quelque chose contre rien et escamoter une pyramide de dettes en ruinant les épargnants naïfs.

CHAPITRE 9

La rupture progressive de la monnaie avec l'or

La désastreuse expérience de John Law fut sans lendemain, mais elle ne fut pas sans avenir. Les peuples comme leurs gouvernants ont la mémoire courte.

Certes, la France est ressortie de l'expérience traumatisée ; après Law, une banque n'osait même plus s'appeler banque, on disait « caisse » (Caisse d'épargne, Caisse des dépôts, Caisse du Crédit Agricole...) et on ne reparla pas de monnaie papier durant deux siècles.

Mais progressivement, la mémoire collective s'efface.

Au départ, les créateurs des monnaies fiduciaires garantissent toujours qu'elles sont adossées à de l'or ou à autre chose d'existant. À l'arrivée, elles meurent de n'être plus adossées à rien. C'est à chaque fois la même histoire, et à chaque fois, le public est victime de sa crédulité.

Voltaire, témoin de la débâcle de Law, l'avait très bien exprimé : « *Le peuple reçoit la religion, les lois, comme la monnaie sans l'examiner.* » Cette confiance spontanée est toujours le seul « capital » sur lequel est adossée la monnaie papier. C'est un capital émotionnel mais pas tangible. C'est la « convention sociale » de Platon.

Comme la maladie génétique mortelle de toute monnaie fiduciaire est l'inflation, progressivement viennent la défiance et la fuite devant la monnaie et enfin sa destruction, ce que Voltaire résume par : « *Une monnaie papier, basée sur la seule confiance dans le gouvernement qui l'imprime, finit toujours par retourner à sa valeur intrinsèque, c'est-à-dire zéro.* »

Le traumatisme de la faillite de Law laissa cependant des traces profondes. Il fallut attendre plus de deux siècles pour qu'une grande monnaie décide de s'affranchir de l'or.

1933 : les Américains interdits de possession d'or

Cela peut paraître surprenant, mais après Law, la première monnaie civilisée qui s'affranchit de l'or fut le dollar. Une première étape de cette rupture fut le fameux *Executive Order* ou décret 6102 de Roosevelt qui constitua un pas décisif dans la déconstruction monétaire.

Par ce texte, Franklin Roosevelt promulgua l'interdiction aux citoyens américains de détenir de l'or, excepté en toutes petites quantités.

À la suite du krach boursier de 1929, la production américaine s'écroule et le chômage explose à la hausse. Le parti démocrate obtient une écrasante majorité au Congrès aux élections de 1932.

En avril 1933, Roosevelt signe l'*Executive Order* 6102, qui rend illégale la possession de pièces, de lingots et de certificats d'or sur tout le territoire des États-Unis. En échange, la population reçoit des dollars de papier. Ces derniers seront ensuite dévalués face à l'or, en 1934, le prix officiel de l'once d'or passant de 20 $ à 35 $. Une dévaluation sauvage de 43 % en un an.

En juin 1933, un nouveau décret rend illégal d'exiger un paiement en or ou toute forme de pièce ou devise en or, annulant les « clauses or » des contrats déjà signés qui les stipulaient. Cette fois, ce ne sont plus simplement les activités des particuliers qui sont visées, et par une loi rétroactive de surcroit.

Pour mesurer ce qu'il se passait dans un pays qui jusque-là était exemplaire en matière de protection de la liberté et du respect de la propriété, laissons la parole au juge de la Cour suprême James Clark McReynolds, membre du parti démocrate, seul à s'insurger contre ces agissements :

« *Les hommes justes observent avec aversion le désaveu et la spoliation des citoyens par leur souverain ; mais il nous est demandé d'affirmer que la Constitution accorde le pouvoir d'accomplir ces deux choses. Il n'existe aucune délégation de pouvoir de la sorte ; et nous ne pouvons croire que les rédacteurs clairvoyants qui œuvraient en espérant établir la justice et protéger les bienfaits de la liberté aient pensé que le gouvernement envisagé aurait le pouvoir d'annihiler ses propres obligations et de détruire les droits mêmes qu'il s'efforçait de protéger. Non seulement il n'existe aucune permission relative à ces agissements mais ils sont interdits. Aucun argument, aussi abondant soit-il, ne peut les rendre conformes à notre charte.* »

Ensuite, McReynolds explique très clairement ce qui se trame. Lorsque vous achetez une obligation ou que vous accordez un prêt :

« *Le créancier consent à accepter et le débiteur s'engage à restituer la chose prêtée ou son équivalent.* »

Le décret de Roosevelt signifiait que les prêts pouvaient être remboursés en dollars dévalués au lieu de pièces d'or ou d'équivalent-or de la valeur du prêt d'origine. Pour notre juge indigné, il s'agissait de légaliser un défaut de paiement, y compris de l'État.

« *La "Clause Or" garantissant que les créanciers soient remboursés en or, ou en équivalent-or, empêche l'emprunteur de s'acquitter de sa dette en monnaie dévaluée.*

Nous avons affaire, ici, à un étalon dévalué, adopté dans le but précis de détruire certaines obligations. De tels agissements arbitraires et tyranniques sortent du cadre du pouvoir parlementaire tel que reconnu jusqu'ici. Le pouvoir accordé au Congrès pour qu'il crée des obligations ayant cours légal en période de paix découle du pouvoir d'emprunter de l'argent ; il ne peut être étendu à une démarche de destruction de tous les crédits. [...]

Il serait monstrueux que le gouvernement déclare que nous avons violé notre contrat mais que nous échappons aux conséquences grâce à nos propres lois. Sur les questions concernant l'obligation contractuelle, le gouvernement ne peut légiférer aux fins de s'excuser lui-même. [...]

Quelle que soit la situation à laquelle nous sommes confrontés actuellement, elle est le résultat de tentatives visant à détruire des engagements légitimes par des mesures législatives ; et nous pensons que la Cour devrait désapprouver cela en termes clairs. [...]

La perte de notre réputation concernant le respect de nos engagements nous apportera des humiliations incessantes, le chaos moral et juridique à venir sera effroyable. » [51]

---

[51] Le discours de McReynolds est reproduit dans *Norman v. Baltimore & Ohio Railroad* (1935) et partiellement dans *Court & Constitution in the Twentieth Century : V. 2 : The New Legality*, 1932-1968.

Les premiers spoliés sont les citoyens américains qui subissent une dévaluation brutale. À cette époque, les dettes de l'État fédéral ne constituaient pas encore les « réserves de change » des autres pays.

Ce décret permettait en réalité de légitimer et d'organiser les dévaluations. La Federal Reserve américaine qui désormais détenait le monopole des réserves d'or pouvait se permettre de faire circuler autant de dollars de papier qu'elle le jugeait bon. Le dollar, qui se remettait à peine de la Première Guerre mondiale, commença dès lors à dévaler sans frein la pente fatale des monnaies fiduciaires.

Recueillement au cimetière des monnaies fiduciaires

Le cimetière des monnaies fiduciaires est garni de très nombreuses pierres tombales. En phase terminale, c'est l'hyperinflation : la monnaie est rejetée par le peuple. Le gouvernement est renversé et un nouveau système mis en place pour restaurer la confiance détruite.

Recueillons-nous rapidement sur quelques pierres tombales : après Law en France en 1718, voici les stèles des monnaies mortes en raison des hyperinflations russe (1917), allemande (1922), hongroise (1945), argentine (1980), zimbabwéenne

(2000), vénézuélienne (2017), ou même françaises (nouvel épisode en 1796) qui ne sont, à des échelles différentes avec quelques variantes, que la même répétition du système de Law. Le dollar lui-même est passé tout près de la mort par hyperinflation à la fin des années 1970, comme nous le verrons bientôt.

L'histoire des hyperinflations est documentée et ce n'est pas le propos ici de les détailler. Mieux vaut se concentrer sur quelques principes.

Toutes les monnaies fiduciaires, absolument toutes, naissent avec une maladie inscrite dans leurs gènes : l'inflation. La maladie se déclare parfois très vite ; dans d'autres cas, il faut attendre des décennies, mais elle finit toujours par se déclarer.

Parmi 775 monnaies fiduciaires qui ont existé ou existent encore, 599 sont mortes[52]. La durée de vie moyenne d'une monnaie fiduciaire est de 27 ans, inquiétant pour nous sachant que l'euro a été instauré le 1er janvier 1999, il y a donc vingt-et-un ans. Enfin, 1 monnaie fiduciaire sur 5 meurt d'hyperinflation.

Nous pouvons aussi constater avec les devises survivantes que le pouvoir d'achat de ces monnaies fiduciaires se dégrade toujours dans le temps. Ainsi,

---

[52] *The Fate of Paper Money*, Mike Hewitt, 7 janvier 2009. http://dollardaze.org/blog/?post_id=00405

après 300 ans d'existence, la livre sterling – monnaie britannique maintenant déconnectée de l'argent – ne vaut plus que 0,5 % de sa valeur initiale[53].

En France, les tables de conversion de pouvoir d'achat en euro ou en franc éditées par l'INSEE[54] ne vous permettent pas de remonter aussi loin dans le temps. Le compteur est bloqué en 1901. Cependant, vous pourrez y constater que le pouvoir d'achat de 1 000 francs de 1951 était équivalent au pouvoir d'achat de 12 779 francs de 2001. Pour brouiller encore plus notre perception, il faut préciser que nous sommes passés au nouveau franc en 1957, puis concrètement à l'euro en 2002, même si la monnaie unique a été officiellement instaurée en 1999.

Le dollar n'est pas exempt de cette vicieuse érosion du pouvoir d'achat. Il a même fondu plus vite encore que la livre britannique, puisqu'il a perdu plus de 99,95 % de sa valeur depuis 1913, date de création de la Federal Reserve, cette bizarre banque centrale qui n'est pas sans rappeler celle des débuts de John Law : une structure ni totalement privée ni totalement publique.

---

[53] Un amusant site qui vous permet de comparer (entre autres) le pouvoir d'achat de la livre britannique depuis l'an de grâce 1 245 (http://www.measuringworth.com).
[54] http://www.insee.fr/fr/themes/calcul-pouvoir-achat.asp

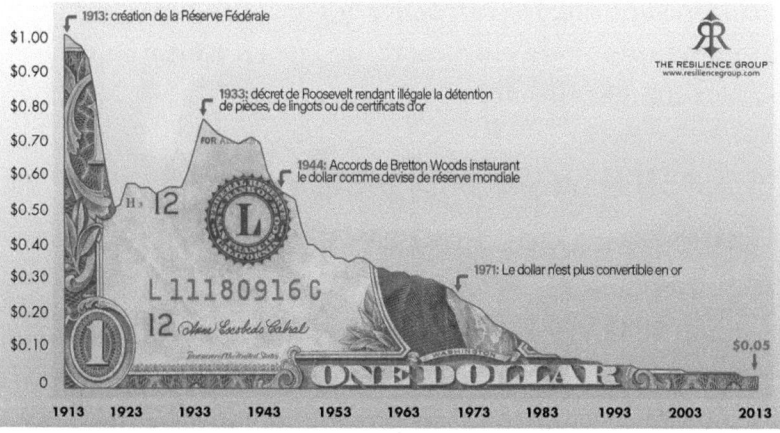

Ceci nous amène à une question de Candide : « *Mais que fait donc l'État, n'est-ce pas lui le garant de la monnaie ?* »

L'État garant de la monnaie est une supercherie. Le seul vrai flic de la monnaie reste l'or, dont le cours s'est agité à plusieurs reprises en 1980, en 2008, en 2011 et en 2020. C'est une police privée, pas une police d'État.

Toujours et partout, il arrive un moment où l'État et ses gouvernements successifs trichent, car ils se retrouvent à court d'argent. Toujours et partout, l'illusion monétaire consiste alors à gonfler la masse monétaire sans qu'aucune richesse correspondante ne soit créée. C'est de l'argent gratuit, qui tombe du ciel.

En 1933, le dollar a perdu son lien avec les métaux précieux (argent ou or) pour les citoyens américains, mais les différents systèmes monétaires sont encore rattachés à l'or. Une autre étape importante de l'évincement de l'or en tant que référence monétaire arrive.

Le dollar réputé *as good as gold* (aussi bon que l'or) avec Bretton Woods

En 1944, la plupart des pays occidentaux sont ruinés par la Seconde Guerre mondiale. Les caisses sont vides, beaucoup de pays sont lourdement endettés et il faut songer à reconstruire. 730 délégués de 44 pays se retrouvent pendant trois semaines en juillet 1944 dans un hôtel du New Hampshire, pour discuter d'un nouveau système monétaire.

Ces délégués signent les accords dits de Bretton Woods, qui reposent sur le *Gold Exchange Standard* ou encore « étalon de change-or ». Selon les modalités de cet accord, toutes les monnaies sont convertibles en dollars et les pays signataires s'engagent à respecter certaines limites de fluctuation de leurs propres devises pour freiner les ardeurs de dévaluations compétitives.

Les États-Unis émergent comme la grande puissance politique et économique. Au niveau mondial, les États-Unis produisent la moitié du charbon, les deux tiers du pétrole, détiennent plus des deux tiers des réserves d'or et exportent de nombreux produits manufacturés. Le dollar devient la seule devise au monde convertible en or au tarif fixe de 35 $ l'once pour les créanciers étrangers, une sorte de pivot monétaire. Un peu imprudent lorsqu'on a en tête l'érosion du dollar depuis 1913...

La Banque internationale pour la reconstruction et le développement (BIRD ou Banque mondiale) et le Fonds monétaire international (FMI) voient le jour. Le FMI a pour rôle de corriger les déséquilibres temporaires de paiement.

« *L'engagement sur l'or à durée indéterminée pris par le gouvernement des États-Unis sous la législation de Bretton Woods est facilement compréhensible au vu des circonstances extraordinaires de l'époque. À la fin de la guerre, nos réserves d'or s'élevaient à 20 Mds $, environ 60 % des réserves totales officielles d'or. En 1957, les réserves en or des États-Unis étaient trois fois plus élevées que les réserves totales de toutes les banques centrales étrangères. Le dollar s'est posé sur les marchés de change tel un colosse* », commente un ex-vice-président de la Fed de New York[55].

Comme d'habitude, tout va déraper, et cette fois en moins de trente ans.

---

[55] "The dollar bestrode the exchange markets like a colossus", *The Demise of the dollar*, Addison Wiggin.

Les États-Unis ont besoin d'argent pour la guerre froide, la guerre de Corée, puis celle du Vietnam et leurs courses à l'armement et à l'espace contre l'URSS. Pour financer leurs dépenses, ils créent des dollars que les pays exportateurs stockent comme réserves de change. Dès 1971, la balance commerciale des États-Unis vire au rouge, une première pour ce pays hors période de guerre.

Les pays fournisseurs et exportateurs vers les États-Unis émettent à leur tour leur propre monnaie adossée à ces dollars réputés *as good as gold* (aussi bons que l'or). Sous l'effet du gonflement de la masse monétaire mondiale, l'inflation flambe, emmenée d'abord par le pétrole ; les producteurs du Golfe, sceptiques vis-à-vis de la multiplication de ces billets verts, augmentent les premiers leurs prix. Le pétrole est le père de toutes les matières premières. Pour extraire des métaux, cultiver, il faut du pétrole. Pour faire tourner des chaînes industrielles, il faut du pétrole. Pour transporter des produits finis, il faut du pétrole. Ces hausses se propagent, contaminant tous les prix. Effet Cantillon[56] foudroyant à l'œuvre.

Face à l'inflation devenue galopante, les demandes de remboursements des dollars en or par les banques centrales commencent. Le prince de

---

[56] L'effet Cantillon (ou analyse de l'essaimage de l'inflation) sera détaillé au chapitre de l'inflation, pages 196 et suivante.

Conti et duc de Bourbon de l'époque contemporaine sont l'Allemagne (restée suspicieuse du fait de son récent épisode d'hyperinflation qui traumatise encore les mémoires), le Royaume-Uni et la France.

Finalement, les États-Unis suspendent la convertibilité du dollar en or le 15 août 1971. Le guichet de l'or est définitivement fermé, ceux qui ont des réserves de change en dollars sont priés de les conserver et de s'asseoir gentiment dessus. Les sinistres prédictions de 1933 du juge McReynolds se réalisent : il s'agit véritablement d'un défaut de paiement des États-Unis. Le système des taux de change fixes s'écroule définitivement en mars 1973.

Depuis lors, les responsables financiers du monde entier furent incapables de s'accorder sur des lois régulant le commerce international et les relations monétaires.

Évidemment, le retour à l'étalon-or était exclu. Vous avez compris que l'or est détestable au regard des autorités politiques et monétaires ; pas assez « flexible », il ne se prête pas à la « bonne petite inflation » et aux dévaluations. Keynes parlait avec mépris de « relique barbare ». Pour le projet d'euthanasie du rentier prônée par cet économiste, l'illusoire sécurité des obligations d'État rongées par le cancer de l'inflation est souhaitable.

Ce n'est que lorsque tout est réduit à l'état de cendres fumantes après une guerre qu'on reparle d'or et qu'on en revient à le transporter d'un endroit à un autre pour finalement apurer les dettes avec quelque chose de concret et non pas de belles promesses auxquelles personne ne croit plus. Mais nous n'y sommes pas encore…

Le privilège du dollar et l'après Bretton Woods

Le système monétaire international actuel, né de l'effondrement des accords de Bretton Woods, est communément appelé « étalon-dollar » uniquement parce que le dollar américain est devenu la première devise de réserve mondiale en remplacement de l'étalon-or classique du XIXe siècle.

Soit par oubli, soit dans un ultime scrupule, les banques centrales conservent cependant de l'or dans leurs coffres, même la plus récente d'entre elles, la Banque centrale européenne.

Pourquoi ne pas avoir osé couper ce dernier lien ? Il est très difficile de discerner si les hauts fonctionnaires internationaux sont crédules et incultes ou, au contraire, pervers et intelligents. On peut soupçonner que les deux spécimens coexistent, les idiots utiles côtoyant les profiteurs de la parasitocratie. Peut-être que se débarrasser ouvertement et définitivement des réserves d'or aurait attiré la suspicion sur la réelle « valeur » de la convention sociale à laquelle sont adossées les devises modernes. Les ventes d'or des banques centrales de l'État français[57] et du Royaume-Uni[58] ne passèrent pas totalement inaperçues. « On vend les bijoux de famille ! », s'indignèrent quelques observateurs.

Mais d'une façon générale, on ne parle plus beaucoup d'or quand on parle de monnaie, et l'étalon-dollar permet aux États-Unis de financer leurs déficits commerciaux et budgétaires. Les États-Unis vendent des obligations du Trésor à leurs partenaires commerciaux – au lieu de payer pour leurs importations avec de l'or, comme l'aurait exigé le système de Bretton Woods ou celui de l'étalon-or.

C'est ainsi que l'étalon-dollar permet aux États-Unis d'acheter à crédit au reste du monde. La chute de l'URSS puis l'entrée de la Chine dans l'Organisation mondiale du Commerce ont accéléré ce qu'il est désormais convenu d'appeler la mondialisation.

Cet arrangement permet une croissance économique artificielle qui est assise sur de la dette sans contrepartie, en particulier dans les pays dits émergents.
Des biens manufacturés fabriqués par une main-d'œuvre bon marché ont été importés par les pays développés en quantités toujours plus grandes. Cela

---

[57] Un peu moins de 600 tonnes sur les 3 000 tonnes détenues par la Banque de France. Opération épinglée par la Cour des comptes en 2012.
https://www.lepoint.fr/economie/cour-des-comptes-quand-sarkozy-liquidait-un-cinquieme-du-stock-d-or-de-la-france-08-02-2012-1428657_28.php
[58] Un peu plus de 400 tonnes sur les 715 tonnes détenues en 1999 par la Banque d'Angleterre.

tire vers le bas de nombreux prix pour les consommateurs de ces pays. Mais les déficits commerciaux se creusant, aux États-Unis comme en Europe, ces achats se font à crédit par vente de dette fédérale américaine ou – dans une moindre mesure – d'obligations d'État libellées en euro.

Jusqu'ici, tout va officiellement bien, sauf que...

À chaque ralentissement économique, aux États-Unis, la Federal Reserve baisse son taux directeur (le prix auquel les banques commerciales font surgir de l'argent qui n'existe pas) pour subventionner cette consommation. À chaque fin de crise, les taux sont à nouveau relevés, mais ne retrouvent jamais leur point de départ.

Après avoir mâté l'inflation des années 1970 en imposant un taux de 20 %, la Fed n'a fait depuis que baisser ses taux à chaque crise sans jamais retrouver le niveau d'avant crise.

*Évolution de l'US Fed Fund Rates
ou taux directeur de la Federal Reserve*[59]

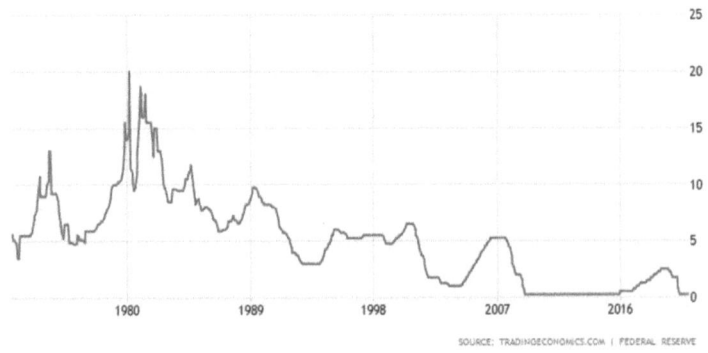

---

[59] Source : Trading Economics

À ce stade, cher lecteur sagace, le stratagème de la mondialisation devient plus clair : malgré la multiplication de monnaie sous forme de crédit, les prix ne montent pas. Au contraire, ils baissent grâce à de la sous-traitance vers une main-d'œuvre étrangère et moins chère, payée à crédit. Les consommateurs des pays exportateurs de dettes profitent de cette baisse des prix des produits importés et achetés à crédit.

Ainsi, vous payez désormais aujourd'hui un T-shirt *made in China* ou *India* 2 € alors que vous auriez payé un maillot de corps Petit Bateau fabriqué à Troyes l'équivalent de 20 € avant la mondialisation. Mais ce faisant, vous n'avez pas engrangé 18 € de pouvoir d'achat... Les gouvernements successifs s'y sont employés afin de conserver leurs recettes fiscales.

Les taux d'intérêt baissent, mais vos impôts et taxes augmentent pour financer les dépenses sociales ou de redistribution croissantes. Ces dépenses sont nécessaires, surtout en France, pour tenter d'enrayer un chômage de masse incrusté. Les pouvoirs d'achat réels baissent, l'épargne n'est plus rémunérée, l'immobilier se renchérit excessivement, les bulles gonflent.

Lorsque trop de gens se plaignent d'avoir un problème de « pouvoir d'achat », on les calme à coups de « transferts sociaux » et on leur donne du pouvoir d'achat à crédit.

Ce système de crédit infini et prétendument quasi gratuit est l'apanage du XXIe siècle. Cinq mille ans d'Histoire ont été allègrement oubliés.

Une patiente construction entamée depuis Sumer, empilée brique après brique, chaque brique étant le succès d'une expérience réussie et entérinée par la tradition, a été démantelée.

**– Limite au crédit ? Oublié
– Monnaie-marchandise ? Inutile, place au mythe
– Or ou argent à disposition du peuple ? Démonétisés, diabolisés, taxés, mis hors la loi**

Le système actuel repose sur la gestion centralisée de la monnaie-dette (ou monnaie-crédit). Ce qui avait été construit par le bas a été démoli par le haut, par une élite qui prétend piloter un système qui va bientôt lui échapper, tout comme son système a échappé à John Law.

Tôt ou tard, on finira par se souvenir qu'il vaut mieux échanger quelque chose contre autre chose qui existe vraiment plutôt qu'une belle promesse qui paraît de plus en plus impossible à tenir. Et on redécouvrira que l'argent gratuit n'existe pas...

Obtenir quelque chose contre rien – lorsque la charité n'est pas en jeu – nécessite de recourir au vol, au racket, à l'escroquerie. Lorsque le vol, le racket ou l'escroquerie émanent du pouvoir, ce dernier finit par être contesté, puis renversé.

CHAPITRE 10

Bancarisation et crédit infini

FMI et Banque mondiale en appellent aujourd'hui à la réduction des dettes... Discours aussi risible que celui d'un patron de bistrot exhortant ses meilleurs clients alcooliques à la sobriété. D'ailleurs, étrangement, personne n'appelle à la réduction du crédit !

Le thème « trop de dettes » revient de temps en temps sur le devant de la scène médiatique. Il faudrait « *profiter de la bonne conjoncture pour réduire la dette et mener les réformes* », indiquait en avril 2018 Villeroy de Galhau, gouverneur de la Banque de France, émérite danseur de ce bal des hypocrites.

Réduire la dette n'est pas du tout la priorité des États-providence depuis que le crédit est disponible en quantité semble-t-il illimitée et ne coûte (presque) rien. Le système monétaire et financier n'est pas conçu pour limiter la dette. Il est au contraire conçu pour la faire croître en continu. Il y a toujours une bonne raison pour l'augmenter : conjoncture économique, crise financière, crise sanitaire...

1971 et la naissance du créditisme, de la dette sans aucune contrepartie

Après la fin des accords de Bretton Woods, en 1971, toutes les monnaies sont donc flottantes, sans ancrage dans le réel. Le système monétaire fondé sur le principe d'« échanger quelque chose contre une vague promesse de payer un jour » se généralise.

Mais, privilège du dollar resté monnaie de réserve, les matières premières se négocient en dollar. Pour avoir du pétrole, il faut des dollars. Les dollars s'exportent donc facilement et les banquiers centraux les stockent. Bien sûr, ils ne stockent pas des liasses de billets verts, mais des bons du Trésor américain, des titres de dette, qui rapportent un intérêt.

Parallèlement, les banques commerciales collectent les dépôts des particuliers et sont autorisées à créer du crédit, de l'ordre de 10 à 30 fois leurs fonds propres (l'argent que les actionnaires de la banque mettent au pot).

C'est à cette date que nous entrons dans un système selon lequel « les crédits font les dépôts » et non pas l'inverse, comme du temps de la banque de grand-papa où « les dépôts faisaient les crédits ».

Lorsqu'une banque accorde un prêt, l'argent correspondant est *créé* et apparaîtra comme dépôt ailleurs. Cet argent ne correspond pas à un dépôt existant, une épargne déjà constituée. Par exemple, vous achetez un bien immobilier à crédit, mais votre banque n'a pas utilisé l'argent d'autres déposants pour créditer votre compte. Lorsque vous signez et transférez l'argent, le prix de votre bien devient un dépôt dans la banque de votre vendeur qui « possède » l'argent de la vente et en disposera à son gré.

Le système dit des réserves fractionnaires autorise chaque banque à ne consigner auprès de la banque centrale dont elle dépend qu'une infime partie des dépôts qu'elle reçoit.

Dans les faits, les banques commerciales ont une patente pour prêter de l'argent qui n'existe pas encore. En effet, pour 1 de dépôt, les banques commerciales peuvent en prêter 99 par le jeu du système des réserves fractionnaires. Mieux : si elles prêtent à leur gouvernement, on ne leur demande même pas de bloquer des fonds propres[60] par sécurité.

Cet argent surgi du néant finance des dépenses privées (ce que votre conseiller financier appelle « vos projets ») ou des investissements, ou encore des dépenses publiques.

Le capital prêté n'existant pas (à 99 %), les prêteurs ne prennent aucun risque, surtout s'ils prêtent à des États, ces mêmes États qui leur ont accordé leur licence de création monétaire. C'est un juste renvoi d'ascenseur.

Les banques en mauvaise posture, qui ont des dépôts en otage (appartenant à des gens, donc des

---

[60] Les fonds propres sont l'argent que les actionnaires investissent dans la banque, l'argent qui appartient en propre à la banque.

électeurs), seront sauvées par la Banque centrale, leur État, donc finalement, vous, contribuable.

Notons que les grandes entreprises nationales sont dans notre pays dans le même cas : l'EDF, la SNCF, l'Assurance maladie... trouvent toujours à se financer.

C'est ce qu'on appelle parfois pompeusement l'aléa moral : un système dans lequel lorsque ça tourne mal pour les banques ou des entreprises publiques chroniquement déficitaires, M. et Mme Michu sont toujours perdants, mais les initiés toujours gagnants.

Le règne des faux-monnayeurs adoubés par les États

« Dans son essence, la création monétaire ex nihilo actuelle par le système bancaire est identique, je n'hésite pas à le dire pour bien faire comprendre ce qui est réellement en cause, à la création de monnaie par des faux-monnayeurs, si justement condamnée par la loi. Concrètement, elle aboutit aux mêmes résultats. La seule différence est que ceux qui en profitent sont différents. »

Maurice Allais[61], Prix Nobel 1988

Ce système n'a rien à voir avec le capitalisme ou le libéralisme. C'est un système qui fonctionne avec

---

[61] *La Crise mondiale aujourd'hui*, éditions Clément Juglar, 1999.

du crédit adossé à du vent et non pas – comme le capitalisme – avec de l'épargne, de l'argent existant déjà qui est soustrait à la consommation immédiate.

C'est un système piloté d'en haut et non pas décentralisé comme dans une authentique organisation libérale dans laquelle des monnaies et des organisations financières seraient laissées en libre concurrence.

Le créditisme repose sur deux piliers :

– La création monétaire *ex nihilo*, qui est le fait du monopole d'émission de la banque centrale.
– Le système des réserves fractionnaires des banques commerciales.

Cette création monétaire se matérialise aujourd'hui non pas par des liasses de billets de banque comme avec John Law, mais par la prolifération de la dette privée et publique ; l'empilement des déficits publics est la dette publique matérialisée par les emprunts d'État qui sont considérés comme la classe d'actifs financiers la plus sûre. Les garants de ces emprunts sont les contribuables. Le contribuable garantit la dette grecque, italienne, française, même s'il ne le souhaite pas. Celui qui vit de la générosité de l'État (des autres contribuables) sera à la rue le jour où ce système s'effondrera.

Ce système éminemment instable ne peut supporter que la croissance du crédit. Un peu comme un cycliste qui, pour ne pas tomber, est obligé de conserver de la vitesse.

Tout resserrement du crédit privé en circulation entraîne des faillites et donc des récessions. Tout resserrement de la dette publique entraîne une diminution de la consommation subventionnée par les dépenses de redistribution et donc une diminution des recettes fiscales.

Les banques centrales sont censées réguler l'augmentation de la masse de crédit en ajustant leurs taux directeurs. En cas de défaillance ou de trop gros défauts de paiement comme en 2008, les banques commerciales – qui détiennent les dépôts des électeurs en otage – sont sauvées de la faillite par les contribuables (ou toujours plus de déficits publics). C'est ce qui s'est produit en 2008, puis en 2011, lors de la crise de la dette en euros, et en 2020, lors de l'épidémie de coronavirus. Toujours, il faut rajouter de la dette à la dette pour que la pyramide ne s'effondre pas. C'est l'essence même du « créditisme » qui ne supporte pas la faillite qui n'est que la contraction de la dette. Il s'agit d'une vaste pyramide de Ponzi, d'un montage à la Madoff. Rappelons que ce dernier – qui pourtant ne pratiquait pas de surcroit le faux-monnayage – a écopé de 150 ans de prison ferme.

La mise en esclavage faute de limitation du crédit

Nos systèmes monétaires et financiers actuels ne comportent aucun dispositif efficace de limitation du crédit. Nous allons donc tôt ou tard nous retrouver confrontés à des désordres sociaux importants, même si l'esclavage a disparu.

De nos jours, la régulation du cycle du crédit est confiée à un banquier central. Ce personnage omniscient est réputé savoir exactement le taux d'intérêt qui doit s'appliquer à l'argent créé par une banque commerciale sous forme de crédit ; c'est ce qu'on appelle communément le « taux directeur ». Reformulé : c'est le prix que paye une banque pour créer de l'argent qui n'existe pas.

Quelques rares économistes réprouvent ce principe. Ils souhaiteraient que le taux d'intérêt obéisse simplement à la loi de l'offre et de la demande, le crédit étant lui-même adossé à de l'épargne déjà existante. Quand il y a beaucoup d'épargne, les taux baisseraient, car l'offre de crédit deviendrait abondante. Quand il y a moins d'épargne, les taux monteraient, car l'offre de crédit se ferait rare.

Pour des raisons politiques – car la politique monétaire n'est que politique, comme nous le verrons – cela ne se passe pas de cette façon. Les taux ne sont pas fixés par la rencontre de l'offre d'épargne et de la demande d'investissement ou de dépense et – plus grave – aucune limite à l'endettement n'est prévue.

La faillite des banques « trop grosses pour faire faillite » est devenue impossible en raison des dépôts qu'elles détiennent en otage et du risque de contagion. C'est ainsi que depuis 2008, de nombreuses banques ont été sauvées, tant aux États-Unis[62] qu'en Europe[63], et avec elles leurs créances douteuses dont gouvernements et BCE prétendent qu'elles seront un jour honorées.

Comme nous l'avons vu, la solution des Hébreux pour contrôler le cycle de crédit n'était pas dénuée de sens. Une règle simple, immuable, applicable à tous… Cette solution est vieille de plus de 3 400 ans, mais elle a été oubliée. Gageons cependant que nous allons en entendre parler dans un avenir proche, car les gouvernements des pays développés – et donc leurs contribuables – sont surendettés à tel point que les générations suivantes sont désormais impliquées, comme nous le verrons.

Les mesures préconisées par le FMI consistent à taxer plus pour financer les dépenses publiques au prétexte de ne pas faire d'ingérence politique. Toutefois, pour réellement assainir un pays, il faudrait se pencher sur l'efficacité de ces dépenses publiques et la corruption.

La véritable austérité – qui consiste à réduire les dépenses publiques et à ne pas recourir aux em-

---

[62] Plan TARP (Troubled Asset Relief Program) dédié aux banques et au secteur automobile.
[63] Grèce, Irlande, Espagne (Bankia née de 7 caisses d'épargne en difficulté, Banco Popular), Portugal (Banco Esperito Santo), Italie (Unicredit, Monte Paschi di Siena), France (Dexia).

prunts d'État – fonctionne pourtant, comme le prouvent les pays fourmis d'Europe : Allemagne, Autriche, Pays-Bas. Mais personne dans les pays cigales ne veut en entendre parler.

Dans les pays cigales, on aime bien les hommes providentiels qui ont des solutions miracles à tous les problèmes de chacun de leurs électeurs. Ceux qui attendent des magiciens voient évidemment débarquer des menteurs et des voleurs.

« *Tout le monde veut vivre aux dépens de l'État, et on oublie que l'État vit aux dépens de tout le monde. [...] Le peuple sera écrasé d'impôts, on fera emprunt sur emprunt ; après avoir épuisé le présent, on dévorera l'avenir.* »

Frédéric Bastiat, *Justice et fraternité*

Jusqu'à présent, les manipulations de taux à la baisse contiennent encore le prix des intérêts à acquitter. Les États empruntent à taux zéro pour rembourser un précédent emprunt parvenu à maturité. Mais le principal, la dette elle-même, ne cesse d'augmenter.

Jubilé impromptu au XXIe siècle pour effacer la dette ou esclavage pour la payer ? Ce choix sera prochainement débattu, une crise monétaire mondiale couve et nous y reviendrons.

En attendant, la multiplication des crises montre que le système devient de plus en plus instable.

Les crises financières toujours plus fréquentes d'un système instable

À force de fausser les principaux signaux nécessaires à l'optimisation de l'économie (taux d'intérêt, inflation, croissance réelle, prix), les repères se brouillent. Depuis 1971, les crises financières et bulles spéculatives se succèdent, toujours plus rapprochées et plus graves :

– Crise japonaise en 1980
– Krach de 1987 et crise des Caisses d'épargne américaines (*savings & loan*)
– Faillite du fonds spéculatif LTCM en 1998
– Bulle Internet de 2000
– Crise du crédit *subprime* en 2008
– Crise de la dette en euro en 2011.

Le système actuel ne tient debout que si le crédit croît en continu. Assurer cette croissance continue du crédit implique une baisse forcée des taux d'intérêt à long terme. En effet, le surendettement affaiblit. Il faut que les surendettés puissent donner l'apparence d'être viables en acquittant les intérêts d'une dette dont ils sont incapables de rembourser le principal. C'est ce qu'on appelle les zombies financiers.

À chaque crise, les banques centrales baissent leurs taux directeurs. Elles les relèvent ensuite, mais sans retrouver le niveau antérieur.

« *La dette est comme un éléphant de compagnie. Il faut la nourrir. Elle est peut-être engendrée par l'industrie financière, mais c'est le reste de l'économie qui doit porter le fourrage et nettoyer la cage.* »

Bill Bonner, *La Chronique Agora*

Lorsque les taux montent, la valeur des actifs chute, car moins d'acheteurs à crédit se présentent. Mais qui se souvient encore de nos jours que les taux d'intérêt peuvent monter ?

Qui, aujourd'hui, a une expérience longue de hausse des taux ? Presque personne à part quelques retraités. Les taux baissent depuis 38 années aux États-Unis et 35 années en France.

Plus les taux baissent, plus le crédit peut augmenter, plus les prix de l'immobilier et des actifs financiers montent, plus le refinancement est facile si on s'est trompé.

Plus les taux baissent, plus la dette peut augmenter sans douleur. Que vous soyez endetté de 100 000 € à 5 % ou de 500 000 € à 1 %, le résultat est le même... tant qu'on ne parle pas de rembourser le principal, évidemment.

Il existe maintenant aux États-Unis une bulle du crédit automobile, une bulle du crédit étudiant, une bulle du crédit à la consommation.

Les jeunes actifs ne raisonnent plus en capacité d'épargne : ils raisonnent en capacité d'endettement. Il est vrai qu'un salaire est devenu une ligne de crédit sur un compte en banque, ligne qui permettra d'obtenir un crédit qui financera l'acquisition d'un toit. Cet achat n'est plus possible par le cumul de l'épargne qui ne rapporte plus rien. Mais avec une bonne feuille de paie, les banques vous accordent un crédit. Les banques prêtent de l'argent qui n'existe pas, ne leur coûte presque rien et se paieront avec le vrai argent de l'emprunteur, celui qui sera gagné dans le futur.

C'est tout cela, le créditisme. Un système qui n'a rien à voir avec le capitalisme et encore moins avec le libéralisme.

Le capitalisme fait le ménage par la faillite qui est la sanction des investissements improductifs. Dans un régime capitaliste honnête, le « trop gros pour faire faillite » ne peut arriver, il serait « trop gros pour exister ». Le libéralisme laisserait les taux d'intérêt se former naturellement par la rencontre entre les prêteurs et les emprunteurs.

Le libéralisme et le capitalisme forment un système capable de s'autoréguler sans besoin de milliers de pages de réglementation. Lorsque le montant d'épargne devient faible, les taux montent, puisqu'il y a moins de prêteurs ; la hausse des taux incite alors à nouveau les gens à épargner.

Le créditisme (appelé à tort néolibéralisme, ultra-libéralisme, ou même capitalisme) fabrique des « esclaves de la dette », il enrichit les vendeurs de crédits et les politiciens vendeurs de rêves qui font croire qu'on peut obtenir « quelque chose en échange de rien ». C'est bien, comme l'a dénoncé Maurice Allais, un système de faux-monnayage officiel.

La destruction monétaire est presque achevée à ce stade :

– Le lien entre monnaie et marchandise (métaux précieux) est enterré.
– La limite au crédit (à la dette) n'existe pas.
– Le « système », au contraire, est conçu pour favoriser l'expansion illimitée de la dette.
– Chaque crise financière est noyée sous les liquidités, on rajoute de la dette à la dette.
– La monnaie, même fiduciaire, devient de plus en plus immatérielle.
– Aucune inflation générale des prix ne semble vouloir cette fois sanctionner l'inflation monétaire.

Comment ce dernier point est-il possible ?

CHAPITRE 11

L'inflation avec les monnaies métalliques et fiduciaires

Évidemment, de tout temps, le danger de toute multiplication ou création monétaire est l'inflation. Nous avons vu celle de l'Empire romain qui consistait à multiplier la monnaie en diminuant la pureté de l'argent contenu dans un denier ; l'édit de Dioclétien qui prétendait contrôler les prix tout en multipliant la monnaie fut un échec. D'une manière récurrente, tout contrôle des prix échoue lamentablement. Les siècles passant, les inflations se succédant, certains penseurs se sont penchés sur le sujet.

Cantillon et la première théorie sur l'inflation

Richard Cantillon est né en Irlande, probablement en 1680, et décédé à Londres en 1734. Il est considéré par l'École autrichienne d'économie[64] comme le premier économiste, avant même Adam Smith. On lui doit les notions d'entrepreneur et surtout d'inflation.

---

[64] École d'économie qui rejette le keynésianisme, le planisme et le dirigisme et qui plaide pour la liberté d'initiative et de concurrence.

Banquier avisé, il fit fortune en profitant du système de Law dont il avait parfaitement compris le vice. Il acheta les titres émis par la Banque Royale ou ses filiales, mais se couvrit immédiatement derrière et s'arrêta bien avant que la machine ne devienne folle (quitte à perdre des clients qui lui reprochaient sa tiédeur).

Après la débâcle de Law, il voulut remettre les pendules à l'heure et fit paraître son *Essai sur la nature du commerce en général* en 1755.

La monnaie n'est pas à l'origine de la richesse, soutient-il. L'argent est une marchandise comme une autre, qu'il faut produire, qui a son coût. Marchant dans les pas d'Aristote, il avance dans cette voie en posant les mécanismes d'équilibre de la monnaie.

Les périodes de trop forte abondance d'une ressource dans un pays (comme des mines d'or autrefois ou aujourd'hui du pétrole) occasionnent un appauvrissement industriel du pays qui possède cette manne. En exportant la matière première, les habitants payent sans effort l'importation d'autres biens à valeur ajoutée. Mais comme c'est la production des biens et services de plus en plus élaborés qui créent les savoir-faire, les qualifications, l'innovation, ce sont les étrangers qui finalement se retrouvent à long terme gagnants et le pays importateur appauvri.

Cantillon a formalisé dans son ouvrage la propagation de l'inflation en étudiant la grande inflation du XVIe siècle due à l'introduction en Europe de l'or des conquêtes espagnoles d'Amérique du Sud (*Essai sur la nature du commerce en général*, 1755).

Il montre que l'inflation se diffuse progressivement, démarrant auprès des fournisseurs du roi d'Espagne. L'inflation s'agrandit ensuite en cercles concentriques, à partir d'un petit noyau de personnes, d'abord les riches et les puissants proches de la source d'émission monétaire vers des groupes de plus en plus nombreux et de plus en plus éloignés, affectant de plus en plus d'individus. De la cour vers les charpentiers de marine nécessaires pour construire les galions, puis vers les charpentiers tout court, les producteurs de bois ou de clous, etc. On appelle depuis « effet Cantillon » ce caractère diffus de transmission de l'inflation.

Presque deux siècles plus tard, l'École autrichienne d'économie s'appuiera sur ce principe de Cantillon pour expliquer la transmission de la création monétaire dans l'économie :

« *La quantité de monnaie supplémentaire ne vient pas se mettre initialement dans les poches de tous les individus : ceux qui en bénéficient en premier ne reçoivent pas tous le même montant et tous les individus ne réagissent pas de la même façon face à la même quantité supplémentaire de monnaie. Les premiers à en bénéficier – les propriétaires de mines dans le cas de l'or, le Trésor dans le cas du papier-monnaie gou-*

vernemental – *disposent dès lors d'encaisses plus élevées et sont en position d'offrir davantage de monnaie sur le marché pour se procurer les biens et les services qu'ils désirent acheter. Le montant additionnel de monnaie qu'ils offrent sur le marché fait monter les prix et les salaires. Mais tous les prix et salaires n'augmentent pas, et ceux qui augmentent ne le font pas tous dans la même proportion.* »

Ludwig von Mises, *Monnaie, méthode et marché*, « La non-neutralité de la monnaie »

Aujourd'hui encore, nous percevons l'effet Cantillon avec la création monétaire sous la forme de crédit.

Le monde de la finance – dont le métier est de négocier les crédits – s'enrichit. Les actifs financiers et l'immobilier se renchérissent, car la manipulation des taux d'intérêt à la baisse et la multiplication du crédit multiplie les acheteurs potentiels pour un même bien. Les déjà riches – à qui les banques prêtent volontiers, car ils ont des biens à donner en garantie – le deviennent encore plus ; ceux qui veulent accéder à l'immobilier paient ce privilège de plus en plus cher. Plus on est éloigné du cercle des privilégiés et de la source de la création monétaire, plus on subit la hausse des prix des actifs financiers et de l'immobilier, et plus l'épargne est punie. C'est ainsi que l'immobilier et les actions se sont considérablement renchéris depuis 2008, rendant difficile l'accès à la propriété à la classe moyenne, tandis que les taux de rendement des livrets ou des comptes épargnes se sont effondrés.

L'inflation est – toujours et partout – un phénomène monétaire

L'inflation est une sournoise hausse de l'ensemble des prix ; c'est un phénomène monétaire et non pas économique. L'augmentation de la masse monétaire, des liquidités, fait monter tous les prix simultanément, telle la marée qui soulève tous les bateaux en même temps.

Des accidents économiques peuvent certes élever momentanément tel ou tel prix en raison de pénuries occasionnelles, mais il s'agit de hausses ponctuelles et limitées à certaines denrées. Par exemple, les denrées alimentaires augmentent en raison d'une succession de mauvaises récoltes, ou le prix du cuivre flambe car une grosse mine a été victime d'un glissement de terrain.

En général, une hausse de prix ponctuelle est un problème vite réglé. Des entrepreneurs détectent une opportunité et décident d'investissements. Par la suite, la concurrence et les gains de productivité font leur travail et calment à nouveau les prix.

Le capitalisme est un système naturellement déflationniste : il conduit à baisser les prix. L'essence même du capitalisme consiste à produire plus avec moins de moyens. Mécanisation, fractionnement du travail, recherche des échanges optimaux : tout est fait pour augmenter la productivité. C'est ainsi que personne de nos jours ne trouve utile et enrichissant de bêcher à la main ou d'écrire à la plume d'oie sur des parchemins, puisque machinisme et imprimerie ont rendu cela improductif.

Une baisse des prix n'est pas un drame, contrairement à ce que les étatistes et interventionnistes de tout poil prétendent. À salaire ou revenu égal, si les prix baissent, votre pouvoir d'achat augmente. Qui se plaindrait que son pouvoir d'achat augmente ?

En revanche, la baisse des prix est un drame pour les collecteurs d'impôts, les politiciens, les chasseurs de subvention et les gens endettés de façon improductive. Si les prix baissent, l'entrepreneur qui s'est financé à crédit est obligé d'ajuster ses prix pour suivre la concurrence. Si ses profits baissent trop, il peut éprouver des difficultés pour faire face aux charges de sa dette. Si les prix baissent, les recettes fiscales de l'État, désormais largement assises sur la consommation, diminuent... C'est pour cela que les gouvernements aiment tant une « bonne petite inflation » et haïssent la déflation. Pour neutraliser la déflation, ils créent de l'inflation, un peu plus de monnaie ou de crédit pour faire gonfler artificiellement les prix. Dit autrement : ils confisquent nos gains de productivité.

L'inflation cause une distorsion de l'ensemble des prix à la hausse. Cette hausse désorganise d'abord les échanges, puis finit par éveiller la suspicion.

Bien entendu, les pouvoirs en place nient. Ils préfèrent accuser les spéculateurs, le capitalisme, le libéralisme, les riches, un ennemi intérieur ou extérieur, alors que la seule raison de l'inflation est la monnaie qu'ils ont eux-mêmes décidé de créer.

Inflation, prix et pouvoir d'achat à l'ère du créditisme

Plus il y a de monnaie, même sous forme de crédit (donc de dette), plus les prix montent, plus votre pouvoir d'achat baisse.

La main sur le cœur, les gouvernements concoctent des indices d'inflation prouvant que les prix ne montent pas. Nous avons même vu émerger des indices de prix pour « esprit pur », ne tenant pas compte des coûts de l'énergie ou de l'alimentation. Et bien sûr, aucun indice ne suit l'augmentation des taxes et impôts qui amputent le pouvoir d'achat.

Quiconque tient un budget dans la durée sait très bien qu'il y a un écart entre les données officielles et ce qu'il constate dans ce domaine. Officiellement, il n'y a pas d'inflation, mais le pouvoir d'achat diminue. Cherchez l'erreur...

Il existe des explications très rationnelles. Chacun a son inflation : celle qui est vécue par un jeune étudiant n'est pas la même que celle d'une famille avec de jeunes enfants, qui n'est pas la même que celle d'un foyer de retraités ; celle d'un habitant de Dunkerque – qui a besoin de se chauffer six mois par an – est différente de celle d'un habitant de Marseille. C'est d'ailleurs la thèse que défendent les organismes officiels : il s'agit d'une moyenne, et il est normal que votre « ressenti » soit différent. Sauf que le « ressenti » est plutôt toujours « plus » que « moins » du nord au sud, de l'est à l'ouest de l'hexagone.

Il existe des explications très politiques. La composition des indices est revue en permanence, l'immobilier n'y rentre pas au motif qu'il ne se consomme pas, les « effets qualités » permettent de décréter qu'un produit qui s'est renchéri coûte moins cher, car il est de qualité supérieure... sauf que la qualité de base n'est plus disponible. Par exemple, aujourd'hui, vous ne trouvez plus de voiture sans *air-bag*, à fenêtre à manivelle, etc. Vous devez donc payer bien plus cher une voiture d'entrée de gamme et vous n'avez pas le choix.

Face à ces dérives, plusieurs initiatives de contre-mesure privées d'inflation ont vu le jour.

Le Big Mac Index : l'évolution semestrielle du prix du produit phare de McDonald's, réalisé par *The Economist*.

Le Billion Price Project : un relevé des prix de tous les vendeurs en ligne fait par un robot qu'on pourrait qualifier de « Google des prix » – projet initié par le Massachusetts Institute of Technology.

L'étude de l'American Institute for Economic Research intitulée « Spending Habits Shape Inflation » (L'inflation vue à travers les dépenses courantes) et fondée sur l'EPI (Everyday Price Index).

En France, l'économiste Philippe Herlin[65] a mené un travail minutieux pour recueillir des séries de prix sur un demi-siècle, entre 1965 et 2015, à partir de catalogues de vente par correspondance, brochures publicitaires de supermarchés et publications spécialisées.

Philippe Herlin donne l'exemple de l'évolution du prix d'une Renault modèle « citadine » cotée à l'Argus. Cette voiture pouvait être acquise pour 8 mois de salaire minimum en 1990.
Il fallait compter 10,65 mois de salaire minimum en 2015, soit un renchérissement de 15 % en 25 ans. L'INSEE estime par ailleurs que la voiture ne pèse plus que 3,09 % du panier moyen de consommation des ménages, alors qu'en 1990, la voiture pesait 3,5 % dudit panier. Donc le prix de la voiture a augmenté, mais son achat pèse moins lourd dans le panier. C'est évidemment absurde, à moins qu'on admette que le reste du panier ait encore plus renchéri.

Toutes ces contre-mesures sont rassurantes : nous n'avons pas la berlue, la hausse des prix est plus substantielle que les mesures officielles. Ces contre-mesures sont aussi inquiétantes : on nous ment.

---

[65] *Pouvoir d'achat – Le grand mensonge*, Éditions Eyrolles.

L'inflation est une donnée clé, car sur le long terme, presque toutes les statistiques économiques sont présentées « corrigées de l'inflation ».

Par exemple, si le PIB est passé de 100 à 105 (donc 5 % de croissance), mais que l'inflation est officiellement de 1 %, le PIB corrigé de l'inflation est de 104 et la croissance corrigée de l'inflation est de 4 %. Mais si l'inflation réelle était supérieure, disons égale à 2 %, le vrai PIB, corrigé, serait lui aussi inférieur (à 103) et la vraie croissance ne serait en réalité que de 3 %. Beaucoup moins flatteur !

Vous comprenez avec cet exemple que sous-estimer l'inflation conduit à surestimer la croissance, ce qui est une bonne chose pour le moral des troupes et pour la confiance de ceux qui achètent la dette souveraine d'un pays.

Ce n'est évidemment pas le seul avantage qu'ont les gouvernements à minimiser l'inflation.
Ils vont aussi éroder le montant net des prestations sociales et de redistribution qu'ils reversent et percevoir des impôts sur des plus-values fictives.

Voici comment fonctionne l'impôt sur les plus-values fictives. Vous avez acheté 100 et, 10 ans plus tard, vous revendez 150. Durant ces 10 années, officiellement, l'inflation cumulée est de 25 %. Votre plus-value nette, selon le gouvernement, sera donc de 25 % (50 % - 25 %). Maintenant, imaginez que l'inflation soit réellement de 40 % ; votre véritable plus-value nette ne serait que de 10 %, mais l'État vous aura taxé de plus du double, sur une base de 25 %... Pas bête ! Vous voyez donc que, côté gouvernement, minimiser l'inflation ne présente que des avantages et strictement aucun inconvénient.

Mais comment se fait-il que la monstrueuse quantité de monnaie (de crédit) injectée dans l'économie depuis la grande crise de 2008 n'ait pas engendré encore plus d'inflation, vous demandez-vous peut-être ? Pour deux raisons : malgré la création de crédit, la mondialisation commença par être au début déflationniste, à exercer une pression à la baisse sur les prix. C'est le maillot de corps *made in China* en concurrence avec celui fait par Petit Bateau fait à Troyes. Ensuite, nous n'en sommes qu'aux premiers cercles de la propagation.

Depuis 2008, cette fois, ce serait différent : la création monétaire resterait impunie ?

L'inflation monétaire de ces dix dernières années est sans aucun précédent historique ; pourtant, les prix en dollar, yen, euro, franc suisse ou livre sterling ne paraissent pas tous s'envoler.

De quoi parle-t-on ? Des prix à la consommation de biens et services courants, des prix de gros, des salaires, du prix des actifs ?

Pour le moment, les actifs – immobilier, actions – sont à des sommets historiques. L'immobilier s'envole, surtout dans les grandes métropoles, l'habitat des riches, effet Cantillon. Les appartements sont les mêmes qu'il y a cinq ans à New York, Londres, Paris... mais il faut plus d'argent pour les acquérir.

En France, les dépenses courantes de logement ne cessent de progresser. Elles ont doublé entre 1965 et 2015, constate Philippe Herlin dans l'ouvrage déjà cité. L'INSEE estime que le poids du logement dans le budget des ménages est resté stable aux environs de 6 %. Mais en proportion du salaire minimum, il est passé de 18 % en 1990 à 27 % en 2015.

Selon une étude de Natixis datant de 2017, la hausse de l'immobilier est beaucoup plus rapide que celle des salaires depuis 1998. En revanche, l'évolution de la hausse des loyers est inférieure à celle des salaires.

L'inflation des prix de l'immobilier n'échappe pas à la règle économique classique établie par Richard Cantillon : ceux qui sont proches du foyer d'inflation (État, banques, promoteurs qui ont besoin de se financer par l'emprunt) en profitent à plein et s'enrichissent. Les autres se brûlent les ailes et s'appauvrissent.

Rappelons encore une fois les propos de Luwig von Mises en remplaçant cette fois « monnaie » par « crédit » :

« *La quantité de **crédit** supplémentaire ne vient pas se mettre initialement dans les poches de tous les individus : ceux qui en bénéficient en premier ne reçoivent pas tous le même montant et tous les individus ne réagissent pas de la même façon face à la même quantité supplémentaire de **crédit**. Les premiers à en bénéficier – les propriétaires de mines dans le cas de l'or, le Trésor dans le cas du papier-monnaie gouvernemental – disposent dès lors d'encaisses plus élevées.* »

Souvenez-vous que le crédit n'a pas de contrepartie : c'est l'argent qui n'existe pas encore qui est prêté. Le crédit inonde d'abord les banques commerciales, qui ensuite prêtent aux entreprises et aux particuliers. Les prêts immobiliers consentis à ces derniers ont l'avantage d'être adossés à un actif tangible.

L'inflation contamine d'abord les marchés obligataires, les marchés d'actions et le marché immobilier. Les banques commerciales font partie du premier cercle de propagation.

Jusqu'à présent, les victimes de la hausse de l'immobilier étaient plutôt satisfaites, persuadées et flattées d'avoir fait « une bonne affaire », puisque les prix montent.

Voilà cependant qu'elles commencent à douter, se sentant appauvries, car l'État étripe consciencieusement des contribuables par définition enracinés par la pierre. En France : impôt foncier, taxe d'habitation, taxation sur les plus-values, droits de mutation, impôt sur la fortune immobilière et impôt sur la mort. Nous avons – pour le moment – échappé à l'impôt sur le loyer fictif.

En cas de raréfaction du crédit et de hausse des taux, le retour de bâton pourrait être sévère. La valeur de l'immobilier baisserait – ce qui serait finalement une bonne chose pour les propriétaires comme pour les aspirants propriétaires. Mais ce ne serait pas une bonne chose pour les acquéreurs encore endettés. Les prêts bancaires consentis par les banques se retrouveraient adossés à un actif dont la valeur baisse, ce qui pourrait conduire à des problèmes similaires à ceux qu'ont connus les banques espagnoles ou américaines et à des défauts d'emprunteurs dont les biens immobiliers seraient devenus invendables à leurs valeurs d'acquisition.

Malgré tous ses vices, cette inflation des actifs est vue par certains comme un « effet richesse » qui donne confiance, contrairement à l'inflation des prix courants, vue comme un effet d'appauvrissement et qui inspire la méfiance.

L'inflation des prix courants a des ressorts psychologiques encore mal connus et donne du fil à retordre aux économistes interventionnistes qui ont tendance à considérer les individus comme des pantins dont tous les fils de manipulation seraient connus. Mais un paramètre subjectif très important est la « confiance » placée dans la stabilité du pouvoir d'achat de la monnaie.

Bitcoin, une monnaie immatérielle garantie sans inflation ?

Le bitcoin serait voulu par ses concepteurs comme une monnaie immatérielle capable de protéger ses utilisateurs de l'inflation. Pour une raison très simple : sa quantité est plafonnée, limitée génétiquement de naissance.

Le 31 octobre 2008, Satoshi Nakamoto, l'inventeur présumé[66] de Bitcoin, publiait son *white paper*, prélude aux premiers échanges de cette monnaie qui débutèrent en janvier 2009. Dans cette charte, il avançait que l'enjeu de Bitcoin était la souveraineté monétaire des individus.

Depuis plusieurs générations, l'or et l'argent ne sont plus des monnaies, et un arsenal juridique et fiscal dissuade quiconque d'en détenir. La monnaie « ayant cours légal », selon l'expression, est par conséquent devenue la propriété de ses administrateurs. Nous, simples citoyens, n'en sommes que les usagers, les locataires, et non les propriétaires. Comment notre monnaie peut-elle conserver son pouvoir d'achat si quelqu'un d'autre peut en diluer la valeur

---

[66] Beaucoup de spécialistes pensent qu'il s'agit en réalité d'un collectif, similaire à celui des inventeurs d'Internet.

par l'inflation, c'est-à-dire par la création monétaire artificielle, explique Satoshi.

Seul un système monétaire « *basé sur une preuve cryptographique plutôt que sur un tiers de confiance* », énonçait-il en exposant son projet, peut résister à la censure et « *échapper au risque d'inflation arbitraire des devises centralisées* ».

Le bitcoin, dans la mesure où personne ne peut se l'approprier ni le multiplier, est apte à devenir un refuge contre l'arbitraire et l'inflation. Avec un avantage sur la monnaie marchandise qu'est l'or : sa télétransportation au travers des réseaux.

Ne nous méprenons pas : parler aujourd'hui du bitcoin et des cryptomonnaies est comme parler d'Internet en 1995. Il existe un réseau et une technologie, mais il appartiendra à ses utilisateurs de s'approprier cette technologie et d'en faire un succès populaire et non pas réservé à une poignée de technophiles ou jeunes *geeks*.

Sur le site coinmap.org[67], vous pouvez visualiser le nombre de commerçants acceptant le bitcoin dans le monde. Pour l'Europe, voici un aperçu à la fin de 2020 :

---

[67] https://coinmap.org/view/#/world/49.86631673/9.66796875/4

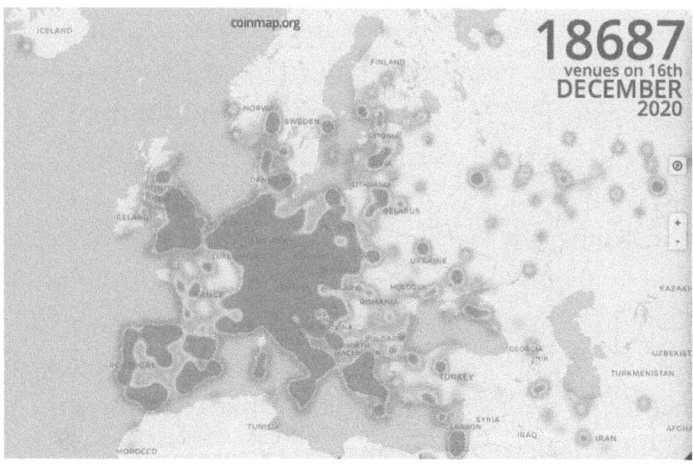

Sur la carte, plus le gris est foncé, plus vous pouvez négocier de biens et services en bitcoin. Plus le gris est clair, moins il y en a.

Attention : cette carte est une *heat map* et ne représente pas le volume local des transactions.

Comme vous pouvez le constater, les utilisateurs de bitcoin sont sous-représentés en France, mais bien plus nombreux en Europe de l'Est et dans les pays de l'Europe du Sud qui ont frôlé ou connu la faillite (Italie, Espagne, Grèce, Portugal, à l'exception notable de l'Irlande). Vous voyez aussi que l'Angleterre – qui est pourtant hors Eurozone – est mieux couverte. Mais le phénomène semble rester embryonnaire et ce site comptait moins de 20 000 visiteurs en cette fin d'année 2020.

Considérez cette carte comme une photo instantanée prise à la fin de l'année 2020. Il sera révélateur de voir comment elle va évoluer. Plus de commerçants, plus de visiteurs et plus de transactions en nombre (pas forcément en montant) indiqueront que le bitcoin s'installe comme monnaie circulante.

Le philosophe, écrivain et ancien trader Nassim Nicholas Taleb[68] acte que le Bitcoin est « *une police d'assurance qui rappelle aux États qu'ils n'ont désormais plus le monopole sur le dernier objet que l'establishment contrôle, en l'occurrence la monnaie. Pour nous qui constituons la masse, c'est là une police d'assurance contre un futur orwellien* ».

La caractéristique de limitation stricte de la quantité de bitcoins n'attire pas aujourd'hui les foules, car pour le moment, malgré la gigantesque création monétaire qui a eu lieu depuis 2008, l'effet Cantillon n'en est qu'au premier cercle de contamination.

L'inflation touche essentiellement les actifs financiers (actions, obligations) et l'immobilier, mais ne touche pas encore de façon flagrante les autres prix de notre vie quotidienne. Combien de temps faudra-t-il pour que l'inflation essaime et s'accélère ? La réponse est avant tout psychologique : il faudra que la défiance s'installe.

Ce qui est certain c'est que l'expérience de l'euro et des taux d'intérêt négatifs, comme l'expérience de John Law, se terminera un jour.

---

[68] Auteur, notamment du *Cygne Noir*, du *Hasard sauvage* aux éditions Les Belles Lettres.

Les enquêtes d'«anticipation d'inflation» essaient de mesurer cette confiance. Car la confiance peut rapidement disparaître, parfois à la suite d'un simple changement politique ou simplement parce qu'un personnage en vue décide de vendre pour matérialiser ses gains...

Nous constatons qu'après 40 ans de création de crédit massive, les Japonais ont toujours confiance dans leurs yens, et l'absence d'inflation au Japon défie le banquier central Kuroda. En revanche, en Argentine ou au Venezuela, pays habitués des crises, la confiance s'est très vite évaporée.

Nul ne sait où et quand le revirement psychologique se produira pour une des grandes devises actuelles : États-Unis, Japon, Europe ? Mais une chose est certaine : lorsque ce revirement se produira, il sera impossible pour les banquiers centraux de reprendre le contrôle. Tout simplement parce qu'il y a trop de dettes et que la hausse des taux d'intérêt déclenchera une spirale de faillites.

Car, répétons-le encore une fois : il n'y a pas d'argent «gratuit»... Soit un emprunt se rembourse, soit il y a une destruction de valeur chez le prêteur.

CHAPITRE 12

Le cimetière des unions monétaires

L'euro a remis au goût du jour les unions monétaires ; les porteurs de ce projet – responsables politiques supposés avoir une certaine culture historique – semblent toutefois méconnaître les échecs des unions monétaires précédentes.

Cher lecteur patient, il me paraît important d'inclure dans notre histoire une visite de quelques pierres tombales de défuntes unions monétaires sur lesquelles nous nous recueillerons comme nous l'avons fait pour les monnaies fiduciaires.

Commençons par une note d'optimisme : toutes les unions ne furent pas des échecs, même certaines unions forcées, comme celle de l'Empire carolingien.

Charlemagne et la première monnaie commune européenne

Dans les siècles suivant la chute de l'Empire romain d'Occident (en 476), le système monétaire hérité de Rome se simplifie progressivement dans ce qui fut la Gaule.

Au Ve s., VIe s. et au cours de la première moitié du VIIe s. subsiste essentiellement un système monétaire reposant sur le sou d'or, et surtout sur le tiers de sou – le triens.

Ces monnaies sont alors frappées par les principales cités, comme Marseille ou Reims, des ateliers monastiques ou épiscopaux, et ce malgré l'avènement de la dynastie mérovingienne.

Tiers de sou en or de Dagobert Ier (602-638)

Crédit : Wikicommons

À partir de la moitié du VIIe s., ce monnayage reposant sur l'or est en grande partie remplacé par un système fondé sur l'argent pour deux raisons. D'une part, les relations commerciales entre le territoire mérovingien et le nord de l'Europe, adepte depuis longtemps de la monnaie-argent, se renforcent. D'autre part, la prise de contrôle par les Sarrasins de l'Afrique du Nord et de Carthage, haut lieu du commerce aurifère, ralentit l'approvisionnement de l'Occident en or. Le sou d'or disparaît donc largement, remplacé par une nouvelle monnaie, qui reprend le nom de la monnaie héritée de Rome, le denier d'argent.

L'établissement d'une nouvelle dynastie, les Carolingiens, avec Pépin le Bref (751-768) et surtout Charlemagne (768-814), est l'occasion d'une reprise en main de la monnaie par le pouvoir royal. L'argent sera le métal précieux de cette « monnaie unique » à l'échelle de l'Europe carolingienne. Les Carolingiens imposent le denier d'argent, le sou (qui vaut 12 deniers) et la livre (qui vaut 240 deniers).

*Denier d'argent de Charlemagne,
1er quart du IXe siècle*

Crédit : Wikkicommons

Les Carolingiens, Charlemagne en tête, veulent instaurer la confiance dans cette monnaie qu'ils contrôlent, frappée à leur nom et parfois à leur image.

Carte de l'Empire carolingien au moment de son partage

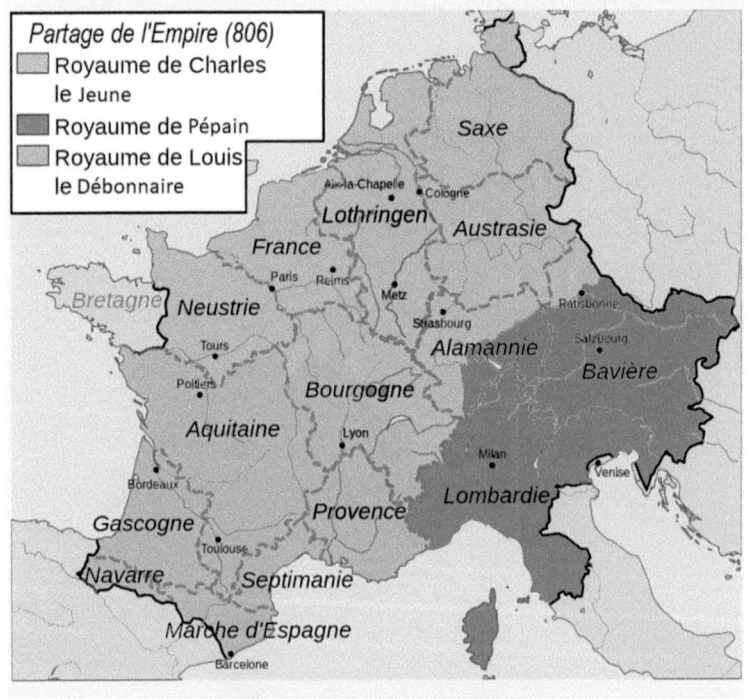

Crédit : Wikicommons

La multiplication des mesures contre le faux-monnayage illustre les difficultés du pouvoir carolingien à imposer sa monnaie commune. Entre 754 et 864, une quinzaine d'édits se succèdent pour lutter contre les fausses monnaies, encadrer le poids et la qualité des pièces frappées dans les ateliers impériaux ou encore pour imposer le strict usage de ces pièces dans l'empire. Ce système va finalement s'étendre à tout l'Empire carolingien et se maintenir en France jusqu'à la Révolution.

Par la suite, la plus saine des unions monétaires, celle qui avait pourtant les meilleures chances de survie et les meilleurs gènes, ne survécut pas, hélas.

1865 : l'Union latine, sapée par l'Italie et la Grèce (déjà !)

L'Union latine est née le 23 décembre 1865 et comporte quatre pays signataires : la France, la Belgique, la Suisse et l'Italie. La Grèce se joint à ce club trois ans plus tard.

En 1795, la France avait adopté un système monétaire décimal, contrairement au système anglais et à l'ancien système carolingien qui était en base 12. Petit à petit, ce système monétaire est copié hors de nos frontières. Le comptage en base 10 devient finalement plus répandu que le comptage en base 12 qui caractérise la livre sterling.

Napoléon avait tenté – avec un succès mitigé – de mettre son empire à la monnaie commune. Dans une lettre à son frère Louis, roi de Hollande (et père du futur Napoléon III), en 1806, il écrit :

La tyrannie par la monnaie

« Mon frère, si vous faites frapper de la monnaie, je désire que vous adoptiez les mêmes divisions de valeur que dans les monnaies de France et que vos pièces portent, d'un côté, votre effigie, et de l'autre, les armes de votre royaume. De cette manière, il y aura dans toute l'Europe uniformité de la monnaie, ce qui sera d'un grand avantage pour le commerce. »

Mais il faudra attendre le Second Empire pour que la monnaie commune s'impose pacifiquement en 1865.

À cette date, la France, la Belgique, la Suisse et l'Italie adoptent une monnaie commune mais pas totalement unique, puisque l'Union latine est fondée sur le bimétallisme or-argent. Le bimétallisme fixait initialement la valeur du franc à 4,5 g d'argent pur et 0,290 5 g d'or pur, soit un rapport or/argent de 15,5. Cette rigidité s'avèrera un point faible.

Il y avait quelques mauvaises fées penchées sur le berceau de notre Union latine.

À cette époque, la Grande-Bretagne fonctionne avec un étalon-or et l'Allemagne bascule vers l'étalon-or après la guerre de 1870. Ceci augmente la demande en or.

Entre 1851 et 1865, la guerre de Sécession conduit l'Angleterre à importer plus de textiles en provenance d'Inde, car le coton américain pâtit de la guerre civile ; le commerce britannique avec l'Inde devient déficitaire, ce qui contraint à exporter de l'argent. Ceci accélère la raréfaction de l'argent en Europe et son renchérissement face à l'or.

Les proportions de productions d'or et d'argent se retrouvent bousculées à la suite des découvertes minières aux États-Unis, en Australie et en Afrique du Sud. L'or abonde au milieu du XIXe siècle, puis c'est au tour de l'argent dans le dernier quart du siècle, puis à nouveau l'or en fin de siècle.

La parité fixe entre l'or et l'argent sera le talon d'Achille de cette union monétaire qui s'installe à une époque où les cours des deux métaux sont tout sauf stables.

Depuis 2000 av. J.-C. et jusqu'au XXe siècle, les rapports entre l'or et l'argent ont largement fluctué, dans une échelle de 10 à 19[69], l'or valant entre 10 à 19 fois plus cher que l'argent au gré des époques, des systèmes monétaires, des flux commerciaux et des découvertes minières. Les témoins de l'époque s'arrachent les cheveux face à ce qu'on appellerait de nos jours la volatilité.

« *Les variations incessantes, continues de l'or et de l'argent depuis les premiers âges du monde civilisé, depuis l'origine des sociétés et la naissance des*

---

[69] Louis Simonin, *L'or et l'argent*, librairie Hachette, édition de 1877, p. 231 et suivantes. À de brefs moments, l'écart fut encore plus important.

échanges, démontrent suffisamment qu'un rapport fixe ne peut exister entre les deux métaux, que l'un ne varie pas moins que l'autre, et que l'or autant que l'argent est soumis à des fluctuations pour ainsi dire quotidiennes. »

Louis Simonin

Les ennuis ne tardent donc pas.

Il y eut d'abord une crise des règlements en monnaies d'argent ; la valeur physique de l'argent finit par dépasser sa valeur légale attribuée par la monnaie.

Les spécialistes nomment « prime » la différence entre ces deux valeurs – la valeur du métal et la valeur monétaire. Les chasseurs de prime se mirent alors à l'ouvrage, thésaurisant l'argent (souvenez-vous de notre bon Oresme, « la mauvaise monnaie chasse la bonne »).

L'argent étant devenu plus cher que le cours légal, il était plus intéressant pour les spéculateurs de vendre ces pièces pour la fonte. Ce qui accéléra la raréfaction des monnaies en argent.

L'Italie, alors en fin de processus d'unification, fait largement marcher la planche à billets et impose un cours forcé à sa monnaie papier qui circule en parallèle. Les pièces italiennes d'argent migrent alors vers la Suisse dont elles ne ressortent pas et l'Italie se trouve bientôt en crise de liquidité.

La Grèce, coutumière des défauts sur sa dette souveraine, se retrouve rapidement dans le même cas.

Chaque pièce de l'union latine était normalement interchangeable, mais cela ne tarda plus à être le cas, l'Italie « renationalisant » ses pièces en 1878. La Grèce, quant à elle, quittera l'Union en 1908.

Entretemps, la France peine pour payer à l'Allemagne ses 5 milliards d'indemnités de guerre en or, puisque l'Allemagne était passée à l'étalon-or en 1871.

La Première Guerre mondiale sonna donc la fin de cette union qui correspondit cependant à une période de paisible prospérité.

Si – contrairement à nos grands planificateurs – vous prêtez attention aux expériences passées, l'échec de cette union monétaire latine est riche de quatre enseignements.

– La parité fixe entre l'or et l'argent est aussi présomptueuse que les critères de Maastricht de l'union monétaire européenne d'aujourd'hui.

– Il est imprudent de s'allier avec des pays pour qui le défaut est un mode de gestion. En l'occurrence, la Grèce a fait 5 fois défaut sur sa dette depuis 1800, mais la France et l'Allemagne n'ont rien à envier, puisque ces deux pays ont chacun rééchelonné leurs dettes en 8 occasions depuis 1800[70]. Pour mémoire, c'est l'Espagne qui a le record de défaut depuis 1800 avec pas moins de 13 restructurations de dettes.

– Des pays qui ont des conceptions différentes de la gestion des finances publiques ne devraient pas faire monnaie commune.

– Toute tentative de parité fixe ou *peg*, que ce soit pour les monnaies métalliques ou les monnaies fiduciaires, est vouée à l'échec.

Une union monétaire incongrue : le franc CFA

Dans la ville ou la brousse, une partie de l'Afrique vit en franc CFA.

Cette monnaie est partagée par quinze États africains[71]. Ces pays aux économies très diverses acceptent la tutelle de la Banque de France et ne songent pas à accuser le « franc de la communauté française d'Afrique » de leurs éventuels revers de fortune.

---

[70] *Cette fois, c'est différent – Huit siècles de folie financière*, Carmen M. Reinhart et Kenneth S. Rogoff.
[71] L'Union économique et monétaire ouest-africaine (UEMOA) qui regroupe 9 États et la Communauté économique et monétaire des États de l'Afrique centrale (CEMAC) qui regroupe 6 États.

Le franc CFA est convertible en euro ou dollar mais lorsqu'il y a du grabuge dans un pays, le taux de change officieux s'éloigne fortement du taux de change officiel. C'est la seule « variable d'ajustement », pour parler technocrate.

Après le passage du franc à l'euro (1 € = 656 FCFA), ces pays ont arrêté de suivre les dévaluations françaises et subissent donc une « monnaie forte ».

Malgré son incongruité, la zone « franc CFA » s'équilibre économiquement ; le Gabon et le Cameroun, autrefois débiteurs (comme la Grèce ou l'Italie avec l'Allemagne), ont su rééquilibrer leurs échanges.

Ajoutons pour l'anecdote que le Mali, qui avait quitté la zone franc en 1962, l'a à nouveau rejointe en 1984… Rien n'est irréversible, contrairement à ce que prétend Mario Draghi…

Pourquoi cette union insolite survit-elle ?

Je ne vois qu'une seule explication. Le contrôle de la monnaie sert d'abord et avant tout à contrôler la fiscalité. Les dévaluations sont supposées renforcer la compétitivité en abaissant les prix des exportations de la zone monétaire qui s'y adonne. Mais il serait plus exact (quoique moins flatteur) de dire que c'est la valeur ajoutée apportée par les habitants qui est dévaluée. Pratiquement, en revanche, tout ce qui est importé se renchérit et le pouvoir d'achat des habitants en pâtit. Or la valeur ajoutée des pays d'Afrique est encore maigre, les gouvernements d'Afrique se financent majoritairement en s'appropriant les ressources naturelles, la fiscalité est embryonnaire et le niveau de corruption élevé.

Cette étrange monnaie papier vit donc sa vie dans la ville ou dans la brousse indépendamment des collecteurs d'impôts. Administrée par un tiers extérieur (la Banque de France), elle n'est pas sujette aux influences politiques locales.

Cher lecteur, je sens parmi vous des esprits forts qui me diront que le franc CFA est un vestige du colonialisme et que l'Afrique serait bien plus développée si elle levait démocratiquement des impôts plutôt que de se laisser piller.

Ce à quoi je vous objecterai que si lever des impôts rendait un pays riche, la France serait numéro 1 mondial, ce qui, hélas, n'est pas le cas. Un pays est prospère lorsqu'il est bien géré.

Croire que l'impôt et le contrôle étatique de la monnaie sont le prix à payer pour vivre dans une société civilisée revient à croire que le sacrifice humain est le prix à payer pour que le soleil brille ou que la pluie tombe.

Sacrifice humain chez les Aztèques

Crédit : Wikicommons

Le premier rat qui quitte la galère monétaire est gagnant

Pas moins de 67 tentatives d'unions monétaires ont échoué rien qu'au cours du XXe siècle[72]. L'URSS et son rouble n'est qu'un des récents exemples.

Le centre de réflexion pro-européen Bruegel[73] s'est penché sur les récentes unions monétaires défuntes et a conclu qu'il y avait un avantage au premier sortant.

---

[72] *Checking Out: Exits from Currency Unions*, Andrew K. Rose, 2007.
[73] Actuellement présidé par l'ex-président de la Banque centrale européenne Jean-Claude Trichet.

« *... Les pays qui abandonnent le navire les premiers sont ceux qui souffrent le moins au niveau macroéconomique, contrairement à ceux qui choisissent de rester dans la zone monétaire commune jusqu'à la fin.*

Les exemples de la Tchécoslovaquie après l'effondrement de l'empire austro-hongrois, de la Slovénie après l'effondrement de la fédération yougoslave, et des pays baltes après l'effondrement de l'URSS illustrent parfaitement l'avantage relatif d'une sortie unilatérale rapide (couplée à la mise en place sur des bases saines d'un nouveau système monétaire indépendant).

[...]

Même si la Russie conservait son monopole monétaire sur l'émission du rouble, d'autres pays membres de l'Union soviétique tels que l'Ukraine, la Lituanie et l'Azerbaïdjan ont commencé à émettre leurs propres devises parallèles afin de contourner les restrictions imposées par la Russie et "protéger" leurs marchés domestiques (qui souffraient continuellement des pénuries de biens de consommation) des acheteurs d'autres républiques appartenant à l'Union soviétique.

[...]

Lorsque ses fondations politiques sont remises en cause, une zone monétaire commune n'a aucune chance de survie. Dans une telle situation, la dissolution de la zone devient inévitable. Il est préférable que cette dissolution se produise aussi rapidement que possible, de façon ordonnée et dans une logique *coopérative (à cet égard, le cas de la dissolution de l'ancienne couronne tchécoslovaque en février **1993** représente un exemple à suivre).* »

L'économiste allemand Hans-Werner Sinn[74] estime que la fin de l'euro sera similaire à celle de la zone rouble : « *La fin du système fut chaotique, la Russie fut incapable d'obtenir le remboursement de ses créances.* »

Des pays comme l'Allemagne qui ont des créances vis-à-vis de pays comme l'Italie, l'Espagne, le Portugal ou la Grèce, ne reverront jamais leur argent, estime-t-il.

Pour votre information, l'Allemagne affiche à la fin de l'année 2020 plus de 1 100 Mds € de créances très douteuses au compteur de dettes du système de compensation de l'Eurozone[75].

L'économiste Marek Dąbrowski corrobore cette analyse[76] :

« *Rétrospectivement, les tentatives de maintenir la zone rouble semblent bien naïves. Outre les arguments purement économiques concernant les avantages potentiels du maintien d'une monnaie com-*

---

[74] Président de l'Institut für Wirtschaftsforschung (Ifo), *The Euro Trap. On Bursting Bubbles, Budgets, and Beliefs*, Oxford: Oxford University Press – *Le piège de l'euro.*

[75] Il s'agit des créances accumulées au titre du système européen de comptabilité entre banques centrales nationales et BCE dit Target2. Graphique actualisé consultable sur :
http://www.eurocrisismonitor.com

[76] Professeur à l'École supérieure d'économie à Moscou, co-fondateur et membre du CASE – Centre pour la recherche économique et sociale à Varsovie.

mune (qui dans le cas de l'Union soviétique ne semblent pas évidents), ces tentatives ne tiennent pas compte des réalités politiques de l'époque.

Il est absolument nécessaire pour avoir une monnaie commune de maintenir un consensus politique fort en ce qui concerne les objectifs de politique monétaire et budgétaire. Il est également nécessaire de mettre en place des institutions communes pour garantir le respect de ces objectifs. Enfin, il est nécessaire de faire respecter des règles communes en matière de régulation des activités bancaires et des opérations de change avec l'étranger.

Ces conditions n'étaient pas réunies après la dissolution de l'URSS. Elles étaient déjà absentes en 1991 ou même à la fin de l'année 1990, quand le processus de dissolution de la zone monétaire commune a réellement débuté. »

Dans une union monétaire, si l'un des pays membres décide de créer une quantité disproportionnée de monnaie ou de crédit, ce pays bénéficiera d'un surplus de pouvoir d'achat par rapport aux autres, alors que l'inflation engendrée par cette création monétaire sera d'abord diluée à l'échelle de l'ensemble de l'union.

On ne peut pas dire que les buveurs de bière et les buveurs de vin aient rapproché leurs points de vue sur la monnaie et la gestion des finances publiques ces dernières années. Certes, les taux d'intérêt auxquels les différents pays de l'Eurozone empruntent actuellement ne font plus le grand écart. Cependant, les trajectoires de dettes publiques entre les pays sobres – appelés en France de façon méprisante les « pays radins[77] » – et l'Italie, l'Espagne et la France ont de quoi inquiéter. L'Allemagne réduit sa dette tandis que l'Italie, l'Espagne, le Portugal et la France la creusent.

La planification centralisée échoue toujours, le domaine de la monnaie ne fait pas exception. Les systèmes rigides produisent des catastrophes jusqu'à ce que les gens jettent l'éponge et passent à autre chose… avant d'oublier, puis de recommencer.

---

[77] Pays-Bas, Autriche, Suède et Danemark. Ces mêmes pays se disent « frugaux » et ont exprimé mi-2020 leurs réticences à financer les cigales enrouées par le coronavirus.

CHAPITRE 13

XXIe siècle – Taux négatifs et naissance de Bitcoin

La déconstruction de la monnaie entamée à la fin du XVIIIe siècle s'accélère nettement en ce début du XXIe siècle.

Les grandes devises fiduciaires n'ont plus de concurrence réelle des métaux précieux. L'or et l'argent sont débranchés du système monétaire. Électroencéphalogrammes plats. La dématérialisation totale des paiements s'accélère. Paiement électronique, paiement sans contact sont poussés en avant par les gouvernements. Petit à petit, les espèces, le cash sont bannis, car accusés de favoriser le blanchiment, l'évasion fiscale, la criminalité. Ils sont bannis comme l'or et l'argent le furent.

Tout va bien pour la parasitocratie, l'immense bureaucratie au service de ce système monétaire absurde, malgré l'absence officielle de la bonne petite inflation sournoise qu'elle aimerait voir ronger ses dettes. Tout va cependant moins bien pour votre pouvoir d'achat, malgré l'absence d'inflation officielle dans les prix des biens de consommation.

Les manigances des faux-monnayeurs officiels, les banquiers centraux cautionnés par les gouvernements, ont réussi à produire une bizarrerie sans précédent historique : les taux d'intérêt négatifs.

Plus la monnaie est dématérialisée, plus elle est manipulable

Aujourd'hui, la Banque centrale européenne triche avec l'euro qui n'est pas adossé à de l'or ou de l'argent. Évidemment, la BCE ne triche pas en multipliant les billets et les pièces. Les espèces ne représentent plus que 10 % de la masse monétaire[78]. L'impression directe de billets de papier est l'apanage de pays comme le Zimbabwe ou le Venezuela.

La BCE multiplie la monnaie en multipliant la quantité de crédit. Théoriquement, l'augmentation de cette quantité de crédit est limitée par le taux directeur de la Banque centrale. Aujourd'hui, ce taux est nul. Par conséquent, il ne coûte rien aux banques de créer de l'argent (du crédit). Elles peuvent le faire dans la limite de 20 fois à 30 fois leurs fonds propres, l'argent que les actionnaires ont mis au pot et qui leur appartient vraiment. Lorsqu'elles prêtent à leurs gouvernements, les scribes modernes de la régulation n'exigent plus aucune limite de fonds propres.

---

[78] Source BCE :
http://sdw.ecb.europa.eu/reports.do?node=1000003490
et : https://sdw.ecb.europa.eu/reports.do?node=10000030

Plus les banques prêtent, plus il y a d'euros en circulation sous forme de crédit. C'est ce qui explique la hausse des prix des actions, des obligations et même de l'immobilier, car plus les taux sont bas, plus il y a d'acheteurs pour un même bien.

Pour le moment, l'inflation des prix autres que ceux des actifs financiers et de l'immobilier paraît faible. Mais comme nous le savons depuis l'expérience de l'Empire romain, l'inflation met parfois beaucoup de temps à se transmettre au prix de la vie de tous les jours.

Le summum de l'absurde a été atteint avec l'apparition des taux de rendement négatifs sur les titres obligataires.

Le monde absurde des taux négatifs

Des intérêts négatifs signifient que celui qui prête de l'argent accepte de payer pour avoir le privilège de prêter. Vous avez 100 €, vous les confiez à quelqu'un et vous le payez 1 € tous les ans. Ce quelqu'un est supposé vous rendre 100 € au bout d'un certain temps. Il ne s'agit pas d'une garde dans un coffre-fort, avec mise à disposition de votre argent à première demande, service pour lequel vous seriez prêt à payer. Non, votre argent est immobilisé et inaccessible. **Vous payez donc pour que ce qui vous appartient ne soit plus disponible.**

Évidemment, cher lecteur sagace, cette situation idiote n'est à la rigueur acceptable que si cet argent ne vous a rien coûté. Ou que vous l'avez mal acquis... Car il existe une certaine analogie avec le blanchiment d'argent d'origine criminelle. La plupart des gangsters et trafiquants sont prêts à lâcher 15 % à 20 % de leur argent noir pour le transformer en « bon argent » propre ayant pignon sur rue dans un pays civilisé. Ces pertes assumées font partie des quelques ficelles employées au côté de montages transfrontaliers sophistiqués.

Mais si c'est de l'argent honnêtement acquis et qui vous appartient, cela vous embêterait de devoir payer pour ne plus l'avoir à disposition.

Cette fois, c'est vraiment différent, et jamais auparavant une telle absurdité n'avait existé. Mais auparavant, le crédit infini et gratuit n'existait pas non plus et les esclaves de la dette se révoltaient bien avant d'être enchaînés.

Le cancer des taux négatifs montre bien que le système monétaire et financier est gravement malade et ne tourne pas rond.

Notons que par le passé, nous avons connu des périodes de taux d'intérêt négatifs *réels* en raison de l'inflation. Par exemple, si votre Livret d'épargne vous rapporte du 3 %, mais que l'indice d'inflation de la hausse des prix est de 4 %, le taux d'intérêt réel est de 3 - 4 = -1 %. En d'autres termes, votre épargne perd de son pouvoir d'achat dans le temps.

Les taux d'intérêt réels négatifs sont, en régime de monnaie fiduciaire, la méthode préférée des autorités pour effectuer un transfert d'argent des épargnants vers le fisc et le gouvernement, qui ont le privilège d'emprunter *in fine*.

Dans un prêt *in fine*, on rembourse tout le capital au final, à l'échéance de son emprunt. Les autorités ont donc tout intérêt à payer le moins d'intérêts possible et à ce que le capital soit dévalorisé à l'échéance. L'inflation est en réalité un impôt prélevé sur ceux qui épargnent au profit de ceux qui s'endettent. C'est un impôt qui présente le considérable avantage de ne pas avoir besoin d'être débattu démocratiquement. Évidemment, lorsque l'écart devient trop criant, que les taux négatifs réels deviennent trop visibles, l'or s'agite, son cours monte et les gens ne souscrivent plus aux emprunts d'État. C'est ce qui s'est produit lors des chocs pétroliers et de l'inflation des années 1970-1980. Mais pour l'instant, en 2021, tout va encore bien.

L'épargne – le vrai « argent » – est devenue inutile

La grande nouveauté du XXIe siècle consiste à pouvoir afficher directement des rendements négatifs sans faire fuir les « investisseurs institutionnels », c'est-à-dire ceux qui gèrent de l'argent pour le compte d'autres personnes.

Au milieu de l'année 2018, les rendements des emprunts d'État à 2 ans de nombreux pays européens étaient négatifs dans l'absolu : Suisse, Pays-Bas, Allemagne, Suède, Belgique, Finlande, Danemark, France, Irlande, Autriche, Italie, Espagne, Portugal.

Si vous comptez sur le rendement de votre contrat d'assurance-vie en euro pour mettre du beurre dans les épinards, oubliez le beurre (et probablement aussi à terme les épinards).

Ce miracle n'est pas dû à un « excès d'épargne » comme le prétendent quelques benêts ou hypocrites complices du système. Il ne s'agit pas du tout d'une mécanique d'offre d'épargne et de demande de capital.

Pour vous en convaincre, il faut lire ce qu'en dit le milieu financier lui-même. Ainsi vous trouvez sur le site d'IG Markets[79], un des plus gros courtiers internationaux présents en France :

« *Les intérêts négatifs sont **conçus pour décourager l'épargne et promouvoir la consommation**. Dans cet article, nous expliquons comment fonctionnent les intérêts négatifs et quel est leur impact sur les marchés financiers.* »

---

[79] https://www.ig.com/fr/strategies-de-trading/Que-sont-les-taux-d-interet-negatifs-et-quel-impact-ont-ils-200310

Le mot important est « *conçus* » : il s'agit bien d'une construction, voulue par certains et non pas d'un mécanisme où une foule d'acheteurs côtoieraient une foule de vendeurs pour échanger, la moyenne des transactions établissant un prix selon le processus démocratique de fonctionnement d'un marché sain. Nous sommes dans un marché nationalisé où règne un prix imposé. Plus loin, l'article vous précise aussi qu'il s'agit d'une « *politique monétaire* ».

La suite de la phrase, « *décourager l'épargne et promouvoir la consommation* », est typique des économistes d'obédience keynésienne ou socialiste. Nous avons vu que selon cette vision, l'épargne est nocive. La consommation fait tourner l'économie qui est vue comme une machine déshumanisée.

Votre épargne doit être « *découragée* », car elle est inutile. Et elle est inutile, car la monnaie se crée à partir de rien, engendré par le système banque centrale et réserves fractionnaires des banques commerciales. L'épargne est devenue une variable très secondaire dans le système de création de crédit.

Les taux négatifs nient la valeur du temps

Peut-être vous souvenez-vous des réflexions sur le prêt et les taux d'intérêt qui se firent au moment de la réforme protestante et sur les différences culturelles entre les buveurs de vin et les buveurs de bière.

Pour les catholiques du XVIe siècle, le temps de ce monde appartient à Dieu et ne peut être monnayé. Pour les protestants, Dieu est hors du temps puisqu'éternel, et la gestion financière du temps est hors du champ religieux.

Celui qui prête monnaye du temps terrestre. L'intérêt est censé compenser le fait que le prêteur se prive de son argent durant un certain temps. Il couvre aussi partiellement le risque que le prêteur ne récupère pas son argent à l'échéance du prêt ou que ce qui est donné en garantie perde de sa valeur.

Chez les protestants, les prêts à intérêt sont une pratique admise, tout au plus doit-on s'assurer que l'intérêt n'est pas usurier. Certains écrits protestants mentionnent une valeur limite de 5 % par an.

Pour tout Homme, le temps a de la valeur. Le temps est même la ressource la plus précieuse de chaque individu, puisque nous sommes mortels. Un taux d'intérêt ne fait que refléter la valeur temps pour le prêteur et l'emprunteur dans des conditions données.

Instaurer des taux négatifs revient à nier que le temps a de la valeur. Dit autrement, l'homme serait immortel. En effet, avec des taux négatifs, le prêteur paye l'emprunteur pour qu'il dépense l'argent prêté et dont il ne dispose plus pendant la durée du prêt. Cela paraît absurde, sauf si vous considérez que votre argent n'a aucune valeur et votre temps non plus. C'est bien ce que montrent les taux négatifs. Et dans un sens, l'argent prêté par une banque commerciale n'a aucune valeur, puisqu'il n'existe pas, comme nous l'avons vu. C'est la magie du système de réserves fractionnaires.

Il existe aussi une dérive dans la façon actuelle d'envisager le temps quand on considère l'allongement des durées d'emprunt. Même si l'espérance de vie est en augmentation phénoménale depuis le milieu du XXe siècle, est-il normal que les gouvernements émettent des obligations souveraines à 50 ans et même 100 ans, comme cela a été récemment fait ? Ceux qui auront pris la décision d'emprunter seront au mieux à la retraite et probablement morts au moment du dénouement du contrat. Idem pour ceux qui les ont achetés. Une dette doit être payée par celui qui l'a contractée et a profité de l'argent. Si elle n'est pas payée, c'est le prêteur imprudent qui doit supporter la casse, mais pas sa descendance. Dépasser la vie humaine conduit à l'irresponsabilité de l'emprunteur et du prêteur. Plus personne ne devient redevable de rien. Tout comme les humains, les États ne sont pas non plus des entités immortelles.

Maro Draghi plus fort que John Law

Les taux négatifs sont une anomalie instaurée par les « buveurs de vin ». Ce n'est pas un hasard si l'Italien Mario Draghi les a mis en place lors de son passage à la BCE, laissant les buveurs de bière s'étrangler. Les Allemands ont bien tenté de faire juger comme contraires aux traités européens les opérations monétaires de la BCE, mais se sont fait débouter[80].

Techniquement, la manœuvre qui permet d'aboutir à des taux négatifs est assez simple. Le gouverneur de la BCE achète les titres de dettes d'État aux institutionnels et remet dans le circuit bancaire et financier de l'argent (du droit à émettre du crédit) tout beau tout nouveau.

En octobre 2017, les rachats de la BCE correspondaient à 7 fois les émissions de dettes nettes des pays de l'Union monétaire[81]. Autrement dit, la demande factice en provenance de la banque centrale était sept fois plus importante que l'offre. Sur tout marché, lorsque la demande est plus importante que l'offre, les prix montent. Sur le marché obligataire, la demande fait baisser les taux d'intérêt des nouvelles émissions en créant une demande artificielle[82].

Depuis la crise financière de 2008, la BCE a mis plus de 6 000 Mds € sur la table, soit en moyenne

---

[80] https://www.marianne.net/agora/humeurs/conflit-entre-la-bce-et-la-cour-de-karlsruhe-le-debut-de-la-fin-de-l-euro
[81] https://www.bloomberg.com/news/articles/2017-10-20/here-s-why-the-stakes-are-higher-for-the-ecb-s-qe-exit
[82] Les anciens titres auxquels sont attachés des taux d'intérêt supérieurs aux nouveaux vont être recherchés et se payer plus cher au nominal. Leur taux d'intérêt réel va donc s'aligner à la baisse sur celui des nouveaux titres.

plus de 42 Mds € par mois. Et vous, vous épargnez combien sur votre compte tous les mois ? Vous pensiez que votre banquier a besoin de votre argent ? Évidemment, non !

Faisons une analogie avec l'immobilier pour être plus concret. Imaginons que l'État français construise sept fois plus de logements sociaux qu'il n'y a de familles en demande de logements. Pensez-vous que vous aurez du rendement sur vos investissements en logement locatif ? L'épargne sur la pierre passerait en « rendement négatif » : il faudrait que vous dépensiez de l'argent pour entretenir des biens devenus inlouables à un prix normal en raison de la concurrence déloyale de dizaines de millions de logements sociaux. C'est exactement la même chose avec la monnaie et les emprunts d'État...

Le système monétaire et financier actuel n'a absolument pas besoin de votre argent. Il le crée, à volonté. C'est toute la beauté du créditisme. Mais, comme vous vous en doutez, il y a un piège, puisque l'envers du crédit, c'est la dette.

Les taux négatifs sont une forme d'inflation ciblée

Les taux négatifs sont absurdes et ne sont que le résultat d'une planche à billets moderne qui produit une inflation sélective : celle des actifs financiers et de l'immobilier.

L'inflation des actifs financiers fait les affaires du système bancaire et financier.

L'inflation des actifs immobiliers permet à l'État de vampiriser les propriétaires.

C'est un progrès immense par rapport à l'inflation de nos ancêtres qui conduisait plus rapidement qu'aujourd'hui à des désordres monétaires et une révolte populaire.

Radotons sans crainte : le système politique monétaire et financier actuel n'a pas besoin de votre épargne. Ce n'est pas du capitalisme. Il a besoin que vous dépensiez et que vous payiez des impôts. Si vous dépensez à crédit, c'est encore mieux, car vous faites le bonheur de l'industrie financière.

L'individu idéal pour le « système » monétaire et financier actuel est une créature couvée de la crèche à l'Ehpad, qui n'épargne rien, qui consomme tout et qui ne transmet rien à ses enfants (ni argent ni idées subversives).

L'Opinion titrait en avril 2018 : « *Dette : pourquoi tout le monde s'en fout* ».

« Tout le monde » se fout de la dette parce que « tout le monde » vit à crédit. En supposant que vous n'ayez pas de crédit, vous vivez dans un État qui distribue du pouvoir d'achat à crédit, finance son système social à crédit, finance l'Éducation nationale à crédit, etc.

Mais vous savez désormais que le système monétaire et financier actuel repose sur une fiction : il est possible de créer du crédit à l'infini sachant que tout sera payé avec les profits tirés du futur ou de l'argent pris aux contribuables.

Pour que cette fiction tienne, il suffit que les intérêts – et seulement les intérêts – soient payés. Évidemment, la dette grossissant, les intérêts deviennent de plus en plus lourds. Mais là encore, ceux qui vivent du crédit et qui ont la main sur le système financier ont la solution : il suffit de faire en sorte que les taux d'intérêt baissent en continu.

Évolution du rendement du bon du Trésor américain à 10 ans depuis 1971 et la fin des accords de Bretton Woods

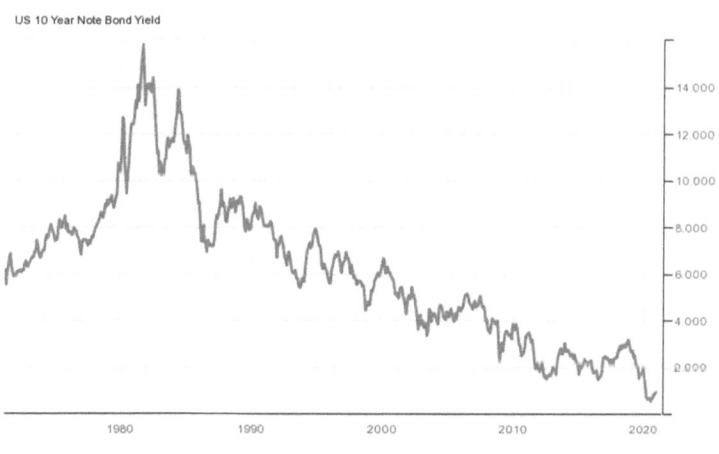

Au 31 janvier 2020, une obligation de l'État américain à 10 ans rapporte 0,92 % à son heureux détenteur.

Évolution du rendement de l'OAT française à 10 ans depuis 1981

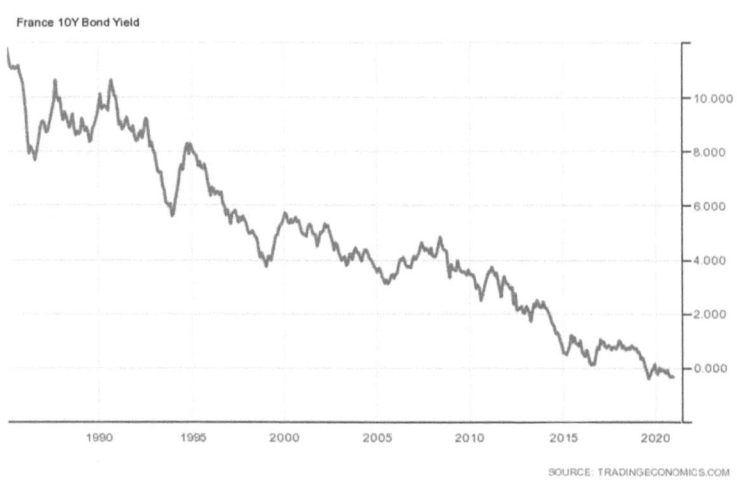

Au 31 décembre 2020, une obligation de l'État français à 10 ans **coûte** 0,34 % par an à son malheureux détenteur. Pour l'Allemagne, c'est encore pire : un *Bund* coûte 0,57 % par an. Pour l'Allemagne, et pour les « buveurs de bière » plus généralement, ceci pose un problème monumental de financement des retraites, comme nous le verrons.

Les taux nuls et négatifs laissent prospérer les zombies

Des taux d'intérêt nuls ou négatifs, forcés à la baisse, ont des effets aussi pervers que les dérives monétaires de Crésus, Dioclétien, Philippe Le Bel ou autres : ils nourrissent des parasites.

La Banque des règlements internationaux a lancé une alerte rouge à la prolifération de zombies[83].

Le terme de zombie est apparu lors de la crise du Japon et sa décennie perdue de 1990 à 2000. Techniquement, un zombie désigne : « Une entreprise qui est incapable d'acquitter les intérêts de sa dette avec ses bénéfices courants sur une longue période. »

Dans les faits, les zombies sont des entreprises non viables, mais qui, au lieu de faire faillite, parviennent à survivre grâce à des taux d'intérêt anormalement bas.

Selon l'analyse de la BRI, les zombies détournent des ressources qui autrement iraient à des projets rentables, ce qui conduit à ralentir la croissance économique. Par exemple, si un salarié compétent travaille pour un zombie, il ne travaille pas pour une entreprise saine et en croissance qui pourrait l'employer plus utilement.

« *Des taux plus bas dopent la demande et augmentent les niveaux d'emploi et d'investissements à court terme. Mais la plus forte prévalence de zombies qui*

---

[83] *The rise of zombie firms: causes and consequences*, BIS quarterly Review, septembre 2018.

en résulte conduit à une mauvaise allocation des ressources et pèse sur la croissance de la productivité. »

Ainsi, des entreprises zombies ou des gouvernements zombies trouvent toujours à se financer sans affoler personne.

Des exemples concrets de zombie ? Vous vous souvenez peut-être des entreprises du gaz et du pétrole de schiste qui devaient « rendre sa grandeur à l'Amérique » en consacrant à nouveau les États-Unis rois du pétrole ?

Le *New York Times* :

« Les 60 entreprises d'exploration et de production ne génèrent pas assez de cash pour couvrir leurs dépenses de fonctionnement et d'investissement. En global, de mi-2012 à mi-2017, elles avaient un manque de trésorerie de neuf milliards de dollars par trimestre.

Ces sociétés ont survécu parce que, malgré les sceptiques, nombreux sont ceux qui, dans l'industrie financière, sont prêts à continuer à les alimenter en capitaux et à accepter leurs commissions. Entre 2001 et 2012, Chesapeake Energy, une pionnière du fracking, *a vendu pour 16 Mds $ d'actions et 15,5 Mds $ d'obligations, versant à l'industrie financière plus de 1,1 Md $ de commissions, selon Thomson Reuters Deals Intelligence.*

Tout cela, c'est la partie officielle. Plus discrètement, Chesapeake a levé au moins 30 Mds $ supplémentaires en vendant des actifs et en passant *des accords "à la Enron", dans le cadre desquels l'entreprise obtenait ce qui était, dans les faits, des prêts remboursés par les futures ventes de gaz naturel.* »

On pourrait citer bien d'autres exemples d'entreprises de tous secteurs, de tous les pays.

Le rapport de la BRI identifie une autre cause de reproduction des zombies : la faiblesse des banques.

En effet, les banques qui survivent malgré leurs montagnes de créances douteuses entretiennent en vie les zombies qui sinon disparaîtraient avec elles.

Ainsi, les « prêts non performants », au lieu de causer la faillite des banques, s'entassent dans les banques centrales, les *bad banks* ou autres « structures de défaisance », comme on dit en langage financier élégant. Or le capitalisme sans la faillite est un système boiteux. Comme le christianisme sans l'enfer, le communisme sans le goulag. En régime capitaliste, la faillite est le moyen de s'autocorriger.

Plus généralement, les déficits publics subventionnent des consommateurs. Mais lorsque quelqu'un reçoit une allocation, quelle que soit son origine (RSA, indemnités de chômage, indemnités de maladie…), il remplit un caddie de supermarché.

Imaginez ce que deviendraient les chiffres d'affaires des entreprises sans ces acheteurs *à crédit*.

Des entreprises ont investi *à crédit* dans des équipements de production ou emprunté en tenant compte de cette demande subventionnée *à crédit*. Car cette demande tient au déficit public rendu possible par des taux d'intérêt trafiqués à la baisse sur les emprunts d'État.

Si les entreprises ne bénéficient plus de ce système et voient leur chiffre d'affaires diminuer, comment rembourseront-elles leurs dettes ?

L'économie fondée sur l'épargne

Un entrepreneur prospère et dégage des bénéfices.
Il en profite pour faire des réserves.
Après trois ans d'activité rentable, il investit cette épargne dans le développement de son outil de production.
Par la suite, une épidémie de grippe le contraint à stopper sa production.
En sortie d'épidémie, ses affaires reprennent rapidement.

L'économie fondée sur le crédit

Un entrepreneur prospère et dégage des bénéfices.
Après trois ans d'activité rentable, il finance à crédit le développement de son outil de production.
Par la suite, une épidémie de grippe le contraint à stopper sa production.

Il se retrouve incapable de rembourser les échéances de son prêt.

Il fait faillite.

Ces deux exemples simplistes montrent **qu'une économie fondée sur le crédit hypothèque l'avenir, au contraire d'une économie fondée sur l'épargne. C'est bien normal, puisque le crédit permet d'avancer dans le temps un investissement qui autrement aurait attendu que l'épargne soit constituée.**

La France, incapable de tenir ses comptes publics équilibrés depuis 1974, incapable de respecter même les critères comptables de Maastricht, emprunte à taux négatif.

Contrairement à ce que prétendent des experts et économistes payés par l'argent des contribuables ou par des banques, le rendement sans risque n'existe pas. Le risque d'une obligation souveraine est le risque de l'inflation ou du défaut de paiement.

La cavalerie actuelle tiendra tant que la confiance durera. Comme avec les systèmes de Law ou de Ponzi ou de Madoff...

Naissance du Bitcoin, un objet monétaire encore non identifié

Nous voici arrivés à ce qui se révèlera peut-être une vraie innovation majeure dans la monnaie et les systèmes de paiement. Une première tentative de reconstruction.

Récapitulons le long chemin que nous avons parcouru.

Le troc très limité a vite fait place à un système d'enregistrement de dette dès que les premières communautés ont grandi.

Au commencement de l'histoire monétaire était donc la dette avec des registres tenus par des autorités religieuses ou politiques. L'invention de l'écriture a permis de repousser encore les limites géographiques de ce système de paiement débit-crédit.

Puis l'or et l'argent se sont imposés comme monnaies, par l'usage et l'expérimentation, et non pas par décret d'un quelconque grand planificateur. Ce sont des supports neutres, indépendants de toute autorité supérieure, de toute forme d'écriture, de tout risque de contrepartie.

Cette monnaie constitua un immense progrès qui permit d'accélérer les échanges et d'étendre les activités commerciales. La vue de l'or et de l'argent suffit au vendeur. Il se moque de la note de crédit de son acheteur et ne jauge pas ses muscles au cas où il devrait le réduire en esclavage pour défaut de paiement. L'acheteur possède un moyen fiable d'acquérir ce qu'il veut, moyen qui sera reconnu et accepté par la plupart des gens, même lorsque ces gens ne vivent pas sous la même autorité politique.

Les gens peuvent stocker dans le temps le fruit de leur travail ou les rendements de ce qu'ils ont légitimement acquis. Ils sont assurés de la conservation de la valeur de la monnaie qu'aucun scribe ou grand prêtre ne peut multiplier ou trafiquer.

Empereurs, princes, États et gouvernements ont mis la main sur la monnaie métallique en organisant la frappe des pièces et leur certification pour simplifier les échanges et éviter des pesées et contrôles complexes.

Ce faisant, ils sont aussi tombés dans la tentation des artifices monétaires pour faire face à leurs dépenses : diminution de la taille des pièces, appauvrissement de la pureté. Mais l'or et l'argent, même sans sceau officiel, restaient des refuges ultimes contre la monnaie trafiquée.

Petit à petit, l'or et l'argent des monnaies d'État sont remplacés par des monnaies papier supposées garanties par un stock d'or. Ces engagements sont définitivement oubliés depuis la fin des accords de Bretton Woods.

Depuis 1971, la monnaie est redevenue du crédit pur, sans contrepartie. Les banques commerciales ont dans les faits un droit de création monétaire.

Les registres de dettes sont maintenus par les banques et les banquiers centraux. Mais les grands sorciers financiers modernes ont négligé ce que les Anciens avaient appris : pour prévenir les risques de surendettement, il faut adosser les prêts à une garantie concrète et prévoir des jubilés ou des remises de dettes périodiques. Faute de ces sécurités, les crises financières se multiplient.

La monnaie papier commence à tomber en désuétude dans les pays développés au profit de comptes bancaires, de cartes de débit ou crédit. La monnaie est non seulement une convention sociale abstraite, mais elle est aussi dématérialisée et circule désormais à 90 % dans des réseaux informatiques.

Ces éléments conduisent à un surendettement généralisé. Au lieu de laisser les faillites se produire, les banquiers centraux multiplient le crédit en abaissant les taux.

En 2008 – dernière crise en date – non seulement les taux sont abaissés à zéro, mais les banquiers centraux trafiquent sans retenue les registres de dette en se livrant à des opérations de rachat de titres de créance. Ce sont les opérations de *quantitative easing* ou QE.

En 2009, Satoshi Nakamoto (un pseudonyme) crée une nouvelle « monnaie ». Nakamato – dont le mystère de l'identité reste entier – entend apporter une réponse à ceux qui s'inquiètent des dérives de la finance internationale.

Il est probable que Satoshi Nakamato (ou le groupe d'informaticiens se cachant derrière ce pseudonyme) ait été aussi attentif et sensible aux dénonciations d'Edward Snowden quant à l'espionnage par le gouvernement américain des données privées.

Les révélations publiques de Snowden datent de 2013. Certains spécialistes du bitcoin relèvent que le cœur du code repose sur un algorithme de cryptage appelé SHA 256, développé par la National Security Agency, employeur d'Edward Snowden.

Mais laissons de côté cette question de la mystérieuse paternité du Bitcoin et examinons cet objet monétaire non identifié né sous X.

Bitcoin est système informatique d'échanges au travers d'un réseau ouvert, décentralisé, accessible à tous et sécurisé par des algorithmes cryptographiques. Les transactions sont anonymes mais visibles de tous. Le nombre des unités monétaires échangeable est non pas illimité, mais fini et verrouillé une bonne fois pour toutes. Il est fixé à 21 millions d'unités. Pourquoi ? C'est arbitraire. Aucune importance, puisque ces unités sont fractionnables à l'infini en cas de besoin. Comme pour le jubilé décidé par les Hébreux tous les 50 ans, il s'agit une règle immuable, simple, connue de tous.

Imaginez un réseau comme Visa, mais décentralisé, indépendant de toute banque et fonctionnant avec une unité de compte « bitcoin » au lieu de « euro » ou « dollar ». Vous achetez électroniquement des « bitcoins » avec une devise de votre choix. Vous transférez vos bitcoins au travers d'un réseau informatique à n'importe qui de votre choix, n'importe où ; si vous le souhaitez, vous pouvez aussi les stocker, enregistrés sur un support informatique quelconque à l'endroit de votre choix. Celui qui reçoit vos bitcoins peut aussi les convertir s'il le souhaite dans sa propre monnaie ou une autre devise. Mais on pourrait aussi très bien concevoir que le réseau fonctionne sur lui-même sans avoir besoin de conversions en devises officielles.

Bitcoin, le réseau, est un moyen d'échange, et « bitcoin » est une unité de compte électronique, décentralisée et privée.

Le propos de ce livre n'est pas de rentrer dans les aspects techniques, mais de retenir des principes. Principes assez similaires à celui des bulles-contrats d'argile scellées du temps de Sumer.

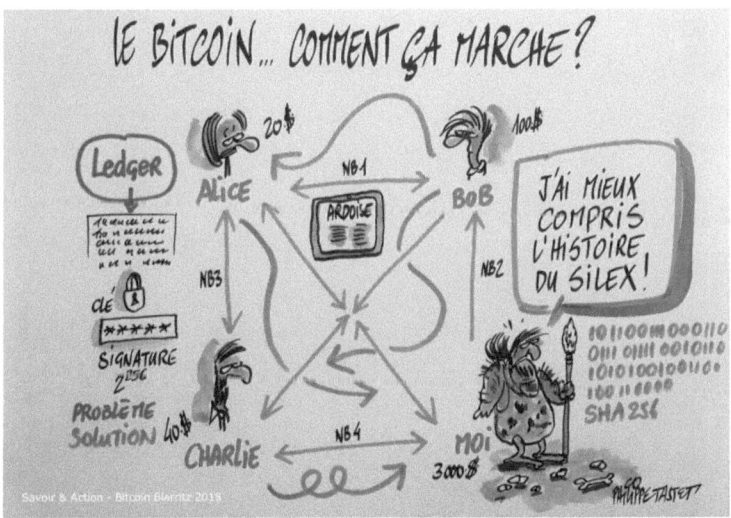

C'est pour la monnaie une révolution similaire à celle d'Internet pour l'information.

« *Les racines théoriques de Bitcoin peuvent être trouvées dans l'École autrichienne d'économie et ses critiques du système actuel de monnaie fiduciaire et des interventions menées par les gouvernements et d'autres organismes qui, à leur avis, provoquent des cycles économiques exacerbés et une inflation massive.* »

BCE, octobre 2012

« *Bitcoin est le début de quelque chose de formidable : une monnaie sans gouvernement, quelque chose de nécessaire et d'impératif.* »

Nassim Nicholas Taleb[84]

« *La concurrence monétaire telle qu'envisagée par Hayek est devenue possible même en l'absence d'auto-limitation par les gouvernements. (...) La BCE soupçonne (à juste titre) que le travail théorique de Hayek était le spiritus rector des cryptomonnaies d'aujourd'hui.* »

Stöferle & Valek[85]

Pour mieux saisir ce dernier commentaire, dressons rapidement le portrait de l'économiste Friedrich von Hayek.

---

[84] Incrementum, AG Rapports In Gold We Trust.
[85] Incrementum.

Hayek est un économiste et philosophe, farouche défenseur du capitalisme contre le socialisme et pourfendeur de toute forme d'étatisme trop entreprenante. Il a reçu le Prix Nobel d'économie en 1974 pour ses travaux sur la théorie de la conjoncture.

On lui doit en 1945 *La route de la servitude*, qui démontre comment le socialisme conduit au totalitarisme, qu'il soit national-socialiste[86] ou communiste.

Selon Hayek, la concurrence est bonne même en matière de monnaie, et dans *Pour une vraie concurrence de la monnaie*, il prône sa « dénationalisation ».

« L'histoire du contrôle gouvernemental exercé sur la monnaie est, à l'exception de quelques rares périodes heureuses, une histoire de tromperie et de fraude incessante. »

Ainsi, les cryptomonnaies – du fait de leur caractère privé – s'inscrivent bien dans cette pensée.

Le monopole étatique exercé sur la monnaie a des conséquences néfastes pour les citoyens, en particulier lors des périodes de crise économique.

---

[86] Même si cela choque les amnésiques, Hitler se réclamait du socialisme : « *Nous sommes socialistes et ennemis du système économique capitaliste actuel, qui exploite les économiquement faibles, avec ses salaires injustes, qui évalue un être humain selon sa richesse et ses biens et non selon la responsabilité et la performance, et nous sommes tous déterminés à détruire ce système à tout prix.* » Discours du 1er mai 1927.

Cela est proprement inacceptable, puisqu'une monnaie saine a autant d'importance pour la protection des libertés civiles qu'une constitution politique. Il n'y pas de liberté sans propriété, et le contrôle de la monnaie permet des incursions despotiques de la part des gouvernements, jugeait Ludwig von Mises, autre économiste de l'école autrichienne.

La concurrence étant le meilleur moyen d'inciter les émetteurs de monnaie à proposer une monnaie saine, Hayek se prononce en faveur d'un ordre monétaire incluant des monnaies privées en concurrence entre elles, mais également en concurrence avec la monnaie émise par le gouvernement.

« *L'argent est la seule chose que la concurrence ne rendrait pas bon marché, puisque son attractivité repose sur le maintien de sa "cherté"* », conclut Hayek.

La « cherté » de la monnaie est sa « valeur » relative aux autres biens qu'elle permet de négocier. Si la monnaie est chère, vous achetez beaucoup par son entremise.

En étant émis jusqu'à la limite fixée par l'algorithme non pas par une institution unique, soutenu par de vastes réseaux décentralisés de producteurs privés en concurrence les uns avec les autres, Bitcoin rend obsolète la banque centrale contemporaine.

Chacune des tentatives voulant porter atteinte au réseau Bitcoin ayant jusque-là échoué, Bitcoin profite des épreuves pour se bonifier, s'améliorer.

Le fait que l'offre de bitcoins soit limitée à une quantité définie à l'avance garantit son caractère de monnaie saine. D'où le slogan « *In Code We Trust* ».

« *Pour certains, cela fait de Bitcoin l'actif ultime pour stocker de la valeur, celui qui pourrait même être supérieur à l'or dans le futur*[87]. »

Bitcoin et les cryptomonnaies, même imparfaites, menacent le monopole des monnaies officielles et les manipulations possibles sur les registres officiels de dette tenus par les autorités politiques et monétaires. Les cryptomonnaies sont

---

[87] Incrementum, Ronald Stöferle, spécialiste de l'or.

certes « platoniciennes », comme le note Pascal Salin qui critique leur absence de valeur intrinsèque :

« *Il est intéressant de constater qu'il y a actuellement un développement des monnaies privées, la plus connue étant le Bitcoin. Cependant, celle-ci ne répond pas parfaitement aux exigences d'une monnaie saine. En effet, sa valeur dépend surtout de la crédibilité de la promesse qui a été faite au sujet du taux de croissance des unités monétaires. Et il n'existe aucune garantie de convertibilité en termes de biens réels, c'est-à-dire de garantie de maintien et de stabilité du pouvoir d'achat.* »

Pascal Salin[88]

Mais les cryptomonnaies sont malgré tout plus saines que les monnaies d'État. **Un bitcoin n'est la dette de personne.**

Sentant leur monopole menacé, il est probable que les États voudront reprendre la main, exactement comme ils ont repris la main sur les métaux précieux. Bref, ils voudront écarter les gens du bitcoin comme on les a écartés de l'or et de l'argent.

En octobre 2019, le *Journal du Coin*[89] titrait : « Pouvez-vous recevoir votre salaire en bitcoin ? »

---

[88] Ouvrage collectif, *Libres !!*, 2014.
[89] https://journalducoin.com/bitcoin/actualites-bitcoin/recevoir-salaire-bitcoin/

« *Faites-vous partie des 57 %[90] des Français qui veulent recevoir tout ou partie de leur salaire en cryptomonnaies ? Si c'est le cas, alors ce qui suit devrait vous intéresser.* »

L'article commentait le Code du travail au regard des différents traités internationaux et notamment de l'Organisation internationale du travail. Il en concluait qu'il existait des obstacles juridiques mais qui ne paraissaient pas insurmontables. Posons-nous la question : quel est l'employeur qui irait s'exposer à des ennuis potentiels pour avoir le plaisir de payer son employé en bitcoins ? Comment se passe la retenue à la source ?

Attendez-vous à voir la fiscalité freiner la circulation de cryptomonnaies dans l'économie officielle, à des réglementations rendant difficile son utilisation dans les magasins de détail, à des restrictions par tous les moyens. Ne pas s'y préparer serait naïf.

Toutefois, en dénonçant les cryptomonnaies, les autorités sont prises à leur propre piège argumentaire.

Lorsqu'elles tentent de démontrer que le bitcoin n'a aucune valeur intrinsèque, elles démontrent également que leur propre monnaie n'en a pas plus et surtout probablement moins à terme. Si elles in-

---

[90] https://www.qapa.fr/news/francais-prets-a-salaire-paye-crypto-monnaie-993/

sistent sur la valeur intrinsèque des monnaies, elles démontrent l'utilité de l'or « oublié » dans leurs coffres.

– *In God We Trust* - nous faisons confiance à Dieu – est la devise officielle des États-Unis qui apparaît sur les sceaux officiels et sur les pièces et billets.

– *In Gold We Trust* (nous faisons confiance à l'or pour ne pas nous faire plumer par l'inflation) fut l'écho ironique qu'en donnèrent certains pour critiquer le dollar détaché de l'or.

– *In Code We Trust* (nous faisons confiance à des lignes de code et des algorithmes pour ne pas nous faire euthanasier financièrement par l'inflation) est l'écho moderne qu'en donnent les promoteurs de Bitcoin.

Notons que la traduction française fait perdre le sel de l'anglais, car *trust* dans la langue de Shakespeare signifie à la fois « faire confiance » et « faire crédit ».

Cette monnaie est-elle un antidote contre le poison des manipulations monétaires ? L'avenir seul nous le confirmera.

Comme nous l'avons vu, monnaie et fiscalité sont intimement liées. Le bitcoin peut se retrouver évincé – comme l'or et l'argent – par une fiscalité punitive ou tout simplement par la loi.

Mais les gens pourraient aussi se réapproprier la monnaie, que ce soit sous la forme de métaux précieux ou sous la forme immatérielle de cryptomonnaie. L'enjeu est là.

Bitcoin a un handicap par rapport à une monnaie à cours légal : personne ne vous force à l'utiliser. La base d'utilisateur ne peut se développer que de façon spontanée. Mais c'est aussi son atout. Si Bitcoin arrive à s'imposer « par le bas » en raison d'une grande base d'utilisateurs, Nakamoto aura vu juste.

Seul un système monétaire « *basé sur une preuve cryptographique plutôt que sur un tiers de confiance* », disait-il en exposant son projet il y a dix ans, peut résister à la censure et « *échapper au risque d'inflation arbitraire des devises centralisées* ».

Le bitcoin peut-il chasser les « mauvaises monnaies » ?

« *La mauvaise monnaie chasse la bonne* », cet adage s'applique aussi aux monnaies-crédit avec lesquelles nous vivons quotidiennement.

Dans ce cas aussi, les mauvaises monnaies devraient chasser les bonnes ! C'est d'ailleurs cette crainte de la concurrence qu'expriment de façon maladroite les banquiers centraux face à l'expérience nouvelle des cryptomonnaies et du bitcoin.

Bitcoin et les cryptomonnaies s'appuient sur la blockchain qui n'est rien d'autre que des registres de dettes décentralisés et privés.

Mais à la différence de la monnaie d'État, la quantité de crédit est plafonnée par un algorithme. Aucune autorité supérieure n'a le pouvoir de faire surgir des unités de comptes supplémentaires, du crédit adossé à rien.

De plus en plus de gens ont changé leurs euros, dollars, yuans, yen ou autres pour des unités de comptes en bitcoin ou ethereum, ce qui a fait monter leurs valeurs par rapport aux devises centralisées gérées par les banquiers centraux.

Pourtant, cette nouvelle monnaie qu'est le bitcoin circule encore très peu en France. Lorsque vous

vous promenez dans les rues, vous voyez rarement des commerçants affichant « bitcoins acceptés ».

Serait-ce parce que le bitcoin est une « bonne » monnaie par rapport à la « mauvaise » monnaie, celle des États ? Que le bitcoin sert plus à stocker de la valeur qu'à échanger ?

Ou bien, au contraire, l'usage encore peu répandu du bitcoin prouve-t-il qu'il ne sera jamais vraiment une monnaie, même platonicienne, faute de reconnaissance ?

Humblement, il faut bien admettre que nous n'avons pas encore la réponse. Seul le temps nous la donnera.

Mais nous savons quelque chose : l'endettement actuel – bien pire qu'en 2008 – est insoutenable. Il faudra remettre le système monétaire à plat et organiser un jubilé. Dans ce contexte, avoir un peu de bitcoins n'est pas idiot si 275 000 Mds $ de dette vous paraissent inhumain.

Pour votre épargne et pour vos investissements patrimoniaux, la sécurité réside toujours dans la diversification et la mise en concurrence des supports monétaires comme le faisait notre sage normand du IIIe siècle qui nous a appris aussi que les monnaies de début de règne étaient meilleures que les monnaies de fin de règne.

CHAPITRE 14

Le jubilé ou l'esclavage

Le Bitcoin est l'innovation monétaire du XXIe siècle. Nous en sommes au tout début et l'avenir statuera sur son utilité et son usage. Comme pour les métaux précieux, le public décidera si cette innovation mérite d'être généralisée.

Quoi qu'il arrive, le bitcoin a eu un effet de révélateur : la monnaie peut aussi être privée, redevenir privée. En réalité, il devrait y avoir plusieurs monnaies en concurrence. Des monnaies de différentes natures (or et/ou argent, certificats privés émis sur des réserves de métaux précieux, bitcoin ou autres cryptomonnaies) et des monnaies privées ou d'État. Le simple jeu de la saine concurrence permettrait d'éliminer les mauvaises monnaies et de faire émerger les meilleures.

Le fait que les malversations appelées « politiques monétaires » soient pilotées et cautionnées par les gouvernements et par les banques centrales et autres instances officielles ne les rend pas honnêtes, au contraire. Que le système monétaire, bancaire et financier actuel nécessite des législations contraignantes et des milliers de pages de réglementations absconses est révélateur de sa faiblesse. Tout comme la multiplication des crises financières.

Admettre que la monnaie ne soit que du crédit contrôlé par des autorités supérieures nous condamne à redevenir esclaves, comme au temps de Sumer. Voulons-nous subir une tyrannie monétaire ?

Nous devrions nous révolter devant les sornettes des banquiers centraux, leurs prétendus mandats (donnés par qui ? Vous rappelez-vous avoir signé quelque chose ?) et leurs prétentions grotesques d'ajuster la quantité de monnaie ou de crédit à l'économie. Qu'ils soient benêts et incultes ou intelligents et pervers, les banquiers centraux sont nuisibles et devraient être mis hors d'état de nuire.

Mais l'ignorance du public est telle que la Banque centrale européenne peut oser écrire que son objectif d'inflation annuelle est proche de 2 % ; en d'autres termes, l'érosion monétaire et le prélèvement d'un impôt arbitraire non consenti de 2 % sont considérés comme normaux.

Extrait du site de la BCE[91]

La réalité chiffrée de la stabilité des prix

Le maintien de la stabilité des prix est la meilleure contribution que puissent apporter les banques centrales à l'amélioration du bien-être de chacun : c'est la raison pour laquelle le traité sur le fonctionnement de l'Union européenne en fait l'objectif principal de la BCE. Pour y parvenir, la BCE a établi une définition quantitative de la stabilité des prix. Elle vise un taux annuel d'inflation « inférieur à, mais proche de 2 % à moyen terme », tel que mesuré par l'indice des prix à la consommation harmonisé (IPCH).

---

[91] https://www.ecb.europa.eu/explainers/tell-me-more/html/stableprices.fr.html

Pourtant, si demain un référendum sur le thème « acceptez-vous un prélèvement supplémentaire de 2 % par an sur votre épargne et sur votre consommation ? » s'organisait dans les pays de l'Eurozone, je doute que la réponse soit positive.

Parce que la BCE n'arrive pas à tenir son objectif d'érosion monétaire depuis la crise de 2008, elle a basculé en taux négatif. C'est le nouveau moyen trouvé pour priver les épargnants d'un rendement décent sur leurs économies et faire durer la croyance selon laquelle une montagne de dettes publiques sera un jour remboursée.

Bien entendu, ces faits ne sont jamais exposés par les grands médias, en majorité détenus par des acteurs du capitalisme de copinage et subventionnés par la dette publique et nos impôts. Ces médias laissent s'exprimer les gens de droite comme de gauche favorables à l'ingérence de l'État, des économistes ou experts payés par les deniers publics. Quelques professionnels de l'agit-prop servent de caution d'un pluralisme bidon. Ces derniers sont en général représentants de partis extrêmes favorables aux politiques monétaristes, aux monnaies de singe non convertibles et à cours forcé. Souvenez-vous de notre promenade au cimetière des monnaies fiduciaires.

Ainsi, le champ médiatique est occupé par tous ceux qui prônent la tyrannie monétaire ou qui prennent de mauvaises décisions sans en supporter les conséquences. C'est encore plus flagrant en France où les partis politiques, les syndicats et les médias sont subventionnés par l'argent des contribuables et sont incapables de vivre respectivement de leurs électeurs, adhérents ou audiences. Les médias n'ont plus vocation à relayer une véritable contradiction, à défier la puissance publique. D'où probablement la fermentation initiale du mouvement « gilets jaunes » en dehors de tous feux médiatiques et au sein des réseaux sociaux.

Comme nous n'avons pas de jubilé inscrit dans le droit, que le rôle des banquiers centraux est de piloter la croissance infinie de la dette, nous acceptons que notre descendance devienne elle-même esclave d'une dette infinie.

La conclusion coule de source. Un jubilé moderne sera nécessaire. Il étripera les épargnants surpris et il est prudent de vous y préparer. L'or est bien sûr un moyen de stocker de la valeur avant la débâcle qui s'annonce, mais un peu de bitcoins est aussi une sage précaution.

Souvenez-vous de notre avisé Normand : la diversification des devises était sa réponse face aux désordres monétaires de son époque... Concernant le bitcoin, comme le dit la Française des jeux, notre société publique en situation de monopole sur les jeux de hasard : « *100 % des gagnants ont tenté leur chance.* »

Preuves chiffrées de la nécessité d'un jubilé

Le jubilé sera un jour indispensable, car les capacités d'endettement d'une génération sont largement dépassées. Mais toute volonté politique affichée de ne pas payer les dettes peut aussi conduire à un phénomène de rejet de la monnaie (qui est elle-même du crédit et donc de la dette). Ce phénomène de rejet engendre l'hyperinflation. L'équilibre est devenu très précaire : les autorités ne peuvent plus nier la gravité de la dette, mais en l'admettant, elles risquent de faire s'évaporer la confiance.

Lorsque l'opinion publique se sera retournée, en France ou ailleurs, des centaines de millions de gens défileront dans les rues et supplieront leur gouvernement de « faire quelque chose ». Écrasés par le poids de leurs dettes, ils voudront s'en débarrasser et qu'on « remette les compteurs à zéro ».

Ce mouvement ne commencera pas forcément en France... Il pourrait aussi bien commencer aux États-Unis, ou même en Italie. Il est probable qu'il commence là où le consommateur est le plus endetté et si les taux longs montent ou si l'indice des prix se réveille.

Ce sera un jubilé ou une hyperinflation d'une échelle monstrueuse, car la dette, ce n'est pas ce qui manque.

Au début de l'année 2021, il existe 277 000 Mds $ de dettes publiques et privées dans le monde[92], un stock supérieur à trois fois la taille de l'économie mondiale. Dans la plupart des économies matures, le taux d'endettement dépasse celui qui prévalait lors de la Seconde Guerre mondiale. Les dettes des États et des entreprises financières représentent la moitié de ce sinistre stock.

La dette représente donc 277 000 Mds $. En face, l'argent métal vaut 44 Mds $, les pièces et billets en circulation valent 6 600 Mds $, l'or vaut 10 900 Mds $, la valeur des entreprises cotées se monte à 90 000 Mds $[93].

Au sein des actifs financiers, la dette pèse bien plus qu'en 2008, tant en volume qu'en proportion. Rappelons que 2008 était vue comme une crise de surendettement. On parle de « crédit *subprime* », mais on devrait plutôt dire « dette *subprime* ».

La dette est de la croissance empruntée au futur. Autrement dit, si on considère que la dette devra être remboursée, elle réduit la croissance à venir.

L'endettement du secteur financier rapporté à l'économie n'a cessé de croître, l'industrie financière est un parasite qui grossit plus vite que son hôte.

---

[92] https://www.iif.com/Research/Capital-Flows-and-Debt/Global-Debt-Monitor
[93] Source : Visualcapitalist https://www.visualcapitalist.com/all-of-the-worlds-money-and-markets-in-one-visualization-2020/ Chiffres arrondis.

Pour faire revenir les dettes à une taille raisonnable en temps de paix, il faudrait une crise monétaire et financière monstrueuse. Mais en 2008, puis en 2011, les autorités et la bureaucratie ont préféré sauver ce qui était trop gros pour faire faillite. Plutôt que d'accepter l'assainissement.

Si la dette pèse plus de trois fois le PIB mondial (c'est le cas aujourd'hui) et que les taux d'intérêt moyens sont à, disons, 3 %, alors il faut prélever 9 % du PIB mondial rien que pour payer les intérêts sans même commencer à rembourser le principal. Avec des taux de 2 %, il faut prélever « seulement » 6 % du PIB. À 0 %, en revanche, la dette semble indolore. C'est pour cela que les taux ont été forcés à la baisse par les banquiers centraux spoliant les retraités et les épargnants.

Toute cette dette ne tient que pour une seule raison : les taux d'intérêt sont bas, extraordinairement bas. Un niveau jamais connu sauf aux périodes d'effort de guerre.

Si les taux remontent, tout s'écroule.

– Les États-providence font défaut sur leurs engagements de retraite, de santé.
– Les entreprises en difficulté font faillite.
– Les ménages passent en commission de surendettement.
– L'immobilier s'effondre, le marché n'étant plus soutenu par le bas.

– La consommation se réduit comme peau de chagrin, car le crédit à la consommation n'est plus à l'ordre du jour.
– La bourse craque et le marché obligataire implose.
– Les recettes fiscales des États s'écroulent.

Prenons la dette publique française, par exemple. Supposons qu'il faille la rembourser.

La charge du remboursement est évidemment du ressort des contribuables solvables, ceux qui travaillent. Laissons les enfants et les vieillards de côté.

Aujourd'hui, en France, nous devrions consacrer 2,5 années de travail à temps plein pour rembourser la dette. Autrement dit, 30 mois d'esclavage durant lesquels nous serions totalement dépouillés des fruits de notre travail.

En fait, c'est deux fois plus. Car nous travaillons déjà pour l'État jusqu'au mois de juillet de chaque année – le fameux jour de libération fiscale[94] (n'oubliez pas au passage que vos impôts *aussi* servent à rembourser les engagements de l'État – la charge de la dette, c'est-à-dire les intérêts). Il ne nous reste donc que moins de six mois par an de libres, ce qui porte notre durée d'esclavage à 5 ans. C'est plus que le maximum toléré à Sumer !

---

[94] 19 juillet en 2020
https://www.lesechos.fr/patrimoine/impots/impots-le-19-juillet-jour-de-liberation-fiscale-pour-le-salarie-francais-1224845

Espagnols, Italiens et Portugais ont des durées d'esclavage presque équivalentes à la nôtre. Les Grecs devraient 6,2 années d'esclavage après restructuration d'une partie de leur dette. Et les Allemands s'en tirent bien avec seulement un an d'esclavage dû.

La France donne des signes d'inquiétude

La « Commission sur l'avenir des finances publiques » a été créée à la toute fin de l'année 2020. Il est vrai qu'un ministère de l'Économie et des Finances, épaulé par la Direction générale des finances publiques[95] et un ministre délégué chargé des comptes publics, la direction du Budget, la Cour des comptes, l'Agence France Trésor, la commission des finances de l'Assemblée nationale, la commission des finances du Sénat, le haut conseil des Finances publiques, les économistes de France Stratégie…[96], cela faisait peu de monde pour réfléchir à cette épineuse question. Une nouvelle commission qui ajoutera 10 cerveaux supplémentaires s'imposait donc.

Cette commission sur l'avenir des finances publiques doit établir une « trajectoire budgétaire durable » établie selon plusieurs scénarios. Prudent, son président à peine nommé annonce que ses préconisations seront surtout pédagogiques.

---

[95] 102 607 fonctionnaires.
[96] J'espère n'avoir oublié personne.

Ce président est Jean Arthuis, un professionnel de la politique depuis quarante ans. Puisque depuis 1974, nos impôts ne suffisent plus à assurer le train de vie de l'État, tout fonctionnaire et tout élu dépend de l'argent des contribuables et de la dette. On ne voit pas en quoi ce machin supplémentaire serait d'une quelconque utilité. Sauf à croire qu'un boucher végétarien est à même de vendre de la bonne viande, on ne voit pas en quoi un professionnel de la politique serait compétent pour réduire la dette.

Toutefois, la création de cette commission prouve que l'actuel gouvernement a vaguement compris que la dette pouvait vraiment devenir un souci.

Les banquiers centraux peuvent bien créer de la dette (du crédit) comme ils l'entendent, mais ils ne peuvent pas créer des contribuables solvables. Ce ne sont pas « les riches » ou « les autres » ou l'État qui vont payer. C'est vous et moi.

L'idée du jubilé chemine dans les esprits

Le prochain jubilé ne sera pas l'affaire d'un petit pays comme l'Islande, l'Irlande ou la Grèce pour laquelle la facture semblait raisonnable. Cette fois, ce sera un pays « trop gros pour faire faillite » avec des « banques trop grosses pour faire faillite ».

Dans tous les pays, il y a plus de gens endettés que de gens qui ont de l'épargne. Figurez-vous aussi qu'il n'y a pas de quoi payer la dette. Du fait du système bancaire et des réserves fractionnaires, les banques prêtent de l'argent qui n'existe pas et qui n'a pas de contrepartie, comme nous l'avons vu.

Des politiciens s'inclineront face aux inévitables troubles sociaux et promettront une remise à plat du système financier, un chemin vers une « nouvelle prospérité, plus juste ».

Les autres peuples verront cela à la télévision à leur journal du soir et diront : « *Nous aussi, nous voulons qu'on efface notre ardoise ! Pourquoi eux et pas nous ?* »

Les Hébreux avaient compris une chose : la seule façon de limiter le crédit afin que tout le monde ne soit pas réduit en esclavage était de prévoir *à l'avance* un jubilé.

Nombreux sont ceux qui ont commencé à ressortir cette vieille idée d'effacement des dettes du placard à archives. On parle de jubilé, de « remise à zéro », de *great reset,* de nouveau Bretton Woods...

– Carmen Reinhardt de l'université de Harvard et co-auteure avec Kenneth Rogoff de *Cette fois c'est différent. Huit siècles de folie financière.*
– Stephen Roach de l'université de Yale demandait déjà en 2011 un jubilé de la dette des ménages américains[97].

---

[97] http://www.businessinsider.fr/us/stephen-roach-says-consumers-need-debt-jubilee-2011-8/

– Le gourou financier Barry Riholtz et le banquier Chris Whalen en 2012[98].
– Au Congrès américain, le député Kathy Castor et le sénateur de la Floride Bill Nelson.
– David Graeber déjà cité en 2014[99].
– Christine Lagarde du FMI a évoqué en 2014 à Davos un « reset monétaire »[100].
– Jacques Cheminade parle de « remise jubilaire » lors de la campagne présidentielle 2017[101].
– En 2018, William White, président du comité économique de l'OCDE, a officiellement pressé le monde politique et financier de prendre des dispositions pour organiser un jubilé.
– En 2020, Kristalena Georgieva, présidente du conseil d'administration et directrice générale du Fonds monétaire international, devant le conseil des gouverneurs du FMI, parle d'un « moment » Bretton Woods.
– En 2020, l'archevêque Vigano de l'Église romaine catholique écrit à Donald Trump pour

---

[98] https://books.google.fr/books?id=-qLxAwAAQBAJ&pg=PA41&lpg=PA41&dq=chris+whalen+jubilee&source=bl&ots=BJ0SnUbLm0&sig=F3qtJqTyteCaaJvXxwU-E9NXMVw&hl=fr&sa=X&ved=0ahUKEwiH6J7Wvd_YAhWHPxQKHS6iDwoQ6AEIWTAK#v=onepage&q=chris%20whalen%20jubilee&f=false
[99] http://www.lemonde.fr/economie/article/2013/09/25/apres-cinquante-ans-de-dettes-le-jubile-est-toujours-necessaire_3484148_3234.html
[100] https://interetpourtous.com/2016/01/11/le-grand-reset-de-leconomie-mondial-explique-par-christine-lagarde/
[101] http://www.solidariteetprogres.org/documents-de-fond-7/economie/remise-jubilaire-dettes-pratique-ancestrale.html

l'alerter sur un « *plan mondial great reset déjà en cours* »[102].

« *Une sorte de Jubilé biblique aurait dû être pratiqué depuis longtemps (…). Il soulagerait tellement de vraie souffrance humaine.* »
David Graeber[103]

« *Nous avons besoin d'un nouveau départ, et nous en avons besoin maintenant… Nous avons besoin d'un jubilé.* »
Paul Kedrosky, Kaufman Foundation[104]

« Jubilé » évoque un effacement de dette, « Bretton Woods » évoque une création de système monétaire. Mais l'un va avec l'autre.

La plupart de ceux qui en appellent au nouveau Bretton Woods rêvent d'instituer à cette occasion un gouvernement mondial et un impôt mondial.

---

[102] https://www.lifesitenews.com/news/abp-vigano-warns-trump-about-great-reset-plot-to-subdue-humanity-destroy-freedom

[103] *"It seems to me we are long overdue for some kind of Biblical-style Jubilee: one that would affect both international debt and consumer debt. It would be salutary not just because it would relieve so much genuine human suffering, but also because it would be a way of reminding ourselves that money is not ineffable, that paying one's debts is not the essence of morality, that all these things are human arrangements and that if democracy is to mean anything, it is the ability of all to agree to arrange things in a different way."* (Debt, The first 5 000 years, p. 390.)

[104] http://foreignpolicy.com/2012/01/03/how-to-save-the-global-economy-write-off-the-worlds-debt/

William White, dans sa tribune parue dans le *Financial Times* deux ans avant l'épidémie de Covid, écrit noir sur blanc :

1. Que l'endettement est excessif.
2. Que toutes les créances ne seront pas remboursées.
3. Qu'il convient de mettre en place des procédures permettant de gérer les faillites qui s'annoncent.

Ce texte est suffisamment important et précis pour mériter une citation complète en français :

« ***Préparez-vous à la prochaine crise financière dès maintenant***

William White

Nous avons besoin de mesures permettant de limiter la probabilité que des mécanismes de marché chaotiques se mettent en place lors de la prochaine crise.

La politique monétaire mondiale est "ultra accommodante" depuis de nombreuses années. Mais il devient clair qu'elle est désormais prisonnière d'un piège de la dette qu'elle a fabriqué elle-même.

Persister sur la voie monétaire actuelle est inefficace et de plus en plus dangereux. Mais toute marche arrière implique également de grands risques. Donc, les probabilités qu'une nouvelle crise éclate continuent d'augmenter.

Il faut espérer que les préparatifs entamés par les responsables politiques en vue de gérer une telle situation évoluent au même rythme. Se contenter de croiser les doigts et de prier pour que "cela n'arrive jamais" apparaîtrait pour le moins imprudent.

La poursuite de la politique monétaire actuelle s'accompagne d'une menace d'inflation. Et considérant que les économistes ont du mal à comprendre le niveau "potentiel" d'inflation ou le processus inflationniste en soi, la situation pourrait facilement s'emballer.
Toutefois, l'inflation n'est pas le seul danger.

Premièrement, **on a laissé augmenter les ratios d'endettement pendant des dizaines d'années, même après le début de la crise. De plus, alors qu'avant la crise, ce problème était propre aux économies développées, il est depuis devenu mondial.**

Deuxièmement, la tolérance aux prises de risque menace la future stabilité financière, tout comme le font les marges de profit réduites des institutions financières traditionnelles.

Troisièmement, cet environnement monétaire encourage les banques et d'autres institutions financières à se livrer à de mauvaises allocations des ressources réelles.

Les marchés étant incapables d'allouer correctement les ressources à cause des actions des banques centrales, **la probabilité que de plus en plus de créances ne soient pas honorées a fortement augmenté.**

Malheureusement, la normalisation de la politique monétaire s'accompagne également de risques importants. Il est clair qu'une économie mondiale qui se renforce est préférable à une économie qui vacille. Mais, dans une telle situation, des pressions inflationnistes croissantes aboutiraient probablement à un resserrement monétaire susceptible d'avoir des effets déstabilisants.

Les réformes réglementaires ont eu pour effet pervers de réduire la liquidité sur les marchés. Même en l'absence de pressions inflationnistes, les marchés financiers eux-mêmes pourraient réagir de façon chaotique à des signes d'augmentation de la croissance. Dans les pays développés, les rendements des obligations souveraines enregistrent des niveaux historiquement bas et sont mûrs pour un retournement. S'ils commencent bel et bien à s'orienter dans la direction opposée, cela pourrait avoir d'importantes conséquences sur les prix excessifs de beaucoup d'autres actifs.

Quelle mesure les responsables politiques prudents devraient-ils prendre pour se préparer à une telle éventualité ? Les gouvernements nationaux et les banques centrales, en association avec les organisations internationales, devraient négocier des déclarations d'intention définissant qui ferait quoi en cas de crise. Des exercices "[de type] militaires" seraient un complément utile. Il est également crucial de prendre des mesures garantissant que des niveaux de liquidité adéquats soient apportés pour stabiliser les marchés et le système financier. En l'état actuel des choses, aux États-Unis, par exemple, de nombreuses dispositions de la loi Dodd-Frank, adoptée dans le sillage de la crise financière, empêcheraient la Réserve fédérale de fournir des liquidités tant sur le plan national qu'international.

La nécessité que les gouvernements et les instances internationales revoient les procédures de faillite est peut-être essentielle. **Les dettes qui ne pourront pas être honorées ne le seront pas. Les gouvernements doivent adopter des législations permettant que cela se fasse de la façon la plus ordonnée possible.**

Malheureusement, une étude récente de l'OCDE indique que, dans la plupart des pays, les procédures de faillite relatives aux acteurs privés ne correspondent pas vraiment aux meilleures pratiques. **Malgré d'importants efforts, nous n'avons pas non plus amélioré la législation permettant de traiter de façon ordonnée les banques qui ne sont plus viables mais demeurent "trop grosses pour faire faillite". Les procédures utilisées pour restructurer les dettes souveraines sont également inadéquates.**

Il est crucial de prendre des mesures dès à présent afin de limiter la probabilité que des mécanismes de marchés chaotiques se mettent en place lors de la prochaine crise. Si l'on agit rapidement en vue de résoudre ce problème d'endettement excessif, cela pourrait même réduire la probabilité que cette crise se produise. La nécessité de ces actions préparatoires est amplifiée, car **nous avons désormais une marge de manœuvre limitée pour réagir avec des politiques macroéconomiques contracycliques.** *Ces politiques pourraient déclencher le désordre que nous souhaitons éviter. Alors mieux vaut se préparer au pire, même si nous espérons le meilleur.* »

Ce ne sera cette fois plus possible de baisser les taux pour prétendre que les dettes pourraient être payées un jour ; les taux directeurs sont déjà trop bas et la marge de manœuvre trop étroite, énonce William White.

Depuis plus de 10 ans, la politique qui a prévalu est « *extend and pretend* ». Concrètement, cela veut dire *étendre* les maturités. Par exemple, une dette à 5 ans est « remboursée » en émettant une dette à 10 ans. Cela veut dire *prétendre* que la nouvelle obligation sera remboursée alors que, par ailleurs, l'ensemble de la dette grossit. La baisse des taux permet de maintenir la fiction.

Toutefois, l'épidémie de Covid sert de révélateur : les zombies sont plus aisément démasqués.

Au cours de la crise sanitaire de 2020, il y a les pays qui ont accusé le coup mais rebondissent vivement et ceux qui sont à genoux et ne semblent pas pouvoir se relever dans un avenir proche.

La majorité des emplois et une grosse part de l'activité économique ne viennent pas des grandes entreprises cotées. Elle provient des petites entreprises et des indépendants qui ont été mis à l'arrêt lors de l'épidémie de Covid. Et là, il devient de plus en plus difficile de cacher la misère. La politique *extend and pretend* touche à sa fin.

À quoi pourrait ressembler un jubilé moderne ?

Un nouvel accord monétaire n'est évidemment pas dans l'intérêt des États-Unis qui auront tout à perdre à ne plus pouvoir exporter leurs dettes sous forme de bons du Trésor contre des biens et services importés.

Ce sont les pays globalement créditeurs depuis des années, voire des décennies, qui en appellent en sous-main à ce nouvel ordre monétaire. Ils ont :

– Une dette publique sous contrôle, car elle n'est pas en des mains étrangères, ou alors en faible quantité.
– Une balance commerciale excédentaire, ils exportent des denrées dont les autres pays sont

demandeurs et, par conséquent, ils n'ont pas besoin de s'alimenter en devises étrangères.

Ces pays ne seraient pas mécontents de voir le privilège du dollar remis en cause. La Chine est en première ligne, mais on trouve aussi la Russie, des pays exportateurs de pétrole.

Les banques centrales de ces pays ont renforcé leurs réserves d'or depuis la crise financière de 2008. Cette crise de surendettement a d'abord éclaté aux États-Unis, les pays ayant de grosses réserves de dollars ont donc cherché à les couvrir.

Sans avoir fait Sciences Po et l'ENA, on peut envisager que la Chine et ses satellites ainsi que la Russie chercheront à être les maîtres du nouveau jeu monétaire.

Ne rentre pas dans cette liste l'Europe. En premier lieu, l'Europe n'est ni une puissance politique ni une puissance militaire. Ce n'est pas une confédération et il n'existe pas d'armée européenne. En second lieu, si l'Europe avait seulement tenté de concurrencer le dollar, les barils de pétrole extraits de la mer du Nord ne seraient pas cotés en dollar. Toutefois, en Europe aussi, il y a les pays créditeurs comme l'Allemagne et ceux qui doivent de l'argent à tout le monde. La France a une place d'honneur dans le tableau des débiteurs.

Dans les précédents bouleversements monétaires, l'affaire était plus claire. D'abord, la superpuissance émergeait à la suite d'un conflit. C'est ainsi que le dollar a supplanté la livre sterling. Ensuite, les monnaies étant adossées à une réserve d'or, les comptes étaient vite faits. Le pays auquel il restait le plus de réserves d'or devenait le meneur, les populations des pays ruinés étaient condamnées à trimer pour rembourser les dommages de guerre. Enfin, le pays qui nouait le plus de relations commerciales avait la monnaie dominante, puisque celle-ci circulait le plus largement. C'est ainsi que l'escudo portugais et le peso espagnol furent en leur temps des monnaies dominantes qui supplantèrent le ducat de Venise. Le Thaler autrichien, symbole de la puissance de l'Empire austro-hongrois, circula dans les colonies espagnoles et anglaises d'Amérique au XVIIIe siècle ; il fut ensuite détrôné par la livre sterling, symbole de l'Empire britannique.

Dieu merci, nous ne sommes pas en guerre (même pas virale), il n'y a aucune infrastructure à reconstruire. La logique d'aujourd'hui sera donc un peu différente de celle d'hier.

Mais de quelque façon que vous envisagiez les choses, les implications d'une destruction de la dette sont immenses.

Tout ce que vous considérez comme de l'argent, votre argent, n'est en réalité que des dettes dont beaucoup ne seront pas honorées.

Votre argent en banque ? Une dette que la banque reconnaît avoir à votre égard.

Vos livrets ? Des obligations bancaires.

Votre assurance-vie en euro à capital garanti ? De la dette souveraine.

Vos pensions de retraite ? Une dette de caisses de retraite à votre égard.

Les seuls actifs *financiers* qui ne soient pas de la dette sont :

– des liasses de billets (en admettant que les paiements en espèces subsistent).

– le bitcoin et les cryptomonnaies encore balbutiantes.

– l'or et les métaux précieux au sens large.

– les actions qui sont des parts d'entreprise et l'immobilier titrisé (foncières cotées et SCPI par exemple).

Imaginez le succès d'un politicien disant :

« *Je vais effacer vos dettes*
Je vais vous permettre un nouveau départ
Je vais vous récompenser de toutes vos mauvaises décisions (y compris celles consistant à voter pour toujours plus d'État-providence et de confort acheté à crédit)
Je vais résoudre la question des inégalités. »

Évidemment, le FMI et les autorités n'appelleront pas cette opération « jubilé ».

On parlera de :
- Restauration de la solvabilité nationale
- Effort financier patriotique
- « État d'urgence financière »
...

Peu importe le nom, le résultat sera le même : le jubilé détruira les centaines de milliards d'euros et de dollars appartenant à des épargnants ou des investisseurs institutionnels agissant pour leur compte.

Ce qui est à venir sera bien pire que l'éclatement de la bulle Internet ou la crise de 2008. C'est la plus grave crise à laquelle vous serez probablement confronté, car heureusement, il n'y en a pas tous les jours.

Même avec un jubilé, les États-providence ne pourront pas payer les pensions de retraite qu'ils doivent, les soins de santé promis. Ces promesses sont financées à coups de déficits, de dette publique. Mais les États ne trouveront plus de prêteurs puisqu'ils auront fait défaut sur leur stock de dettes existant. Vous imaginez quelqu'un ruiné par un défaut sur un emprunt accorder dans la foulée un nouveau crédit au même emprunteur ?

Ceux qui ont des sources de revenus qui ne dépendent pas de l'État et qui ne confient pas leur épargne à l'État s'en sortiront le mieux. Les autres finiront toujours perdants, quand ils ne perdront pas tout.

William White de l'OCDE demande aux autorités de se préparer à des « défauts ordonnés ». L'ordre auquel il se réfère est celui qui arrange les institutions. Mais évidemment, votre propre intérêt diverge de ceux de ces hauts fonctionnaires ou politiciens.

Votre intérêt est de ne pas participer à ces énormes pertes, de ne pas avoir votre épargne en jeu.

Notre pays sera lui aussi acculé au jubilé. La dette publique française est déjà effrayante. Mais ce n'est pas tout. Le « hors bilan », les promesses de retraites, de santé ne seront jamais honorées. L'amputation des retraites par augmentation de la CSG décidée par le gouvernement Macron n'est qu'un tout petit avant-goût de ce qui attend les retraités et les futurs retraités.

Comment anticiper le jubilé du XXIe siècle ?

Une répudiation des dettes et une remise à plat du système sont dans l'air du temps, mais il n'y a pas de calendrier précis.

Comment anticiper cet évènement ? C'est simple : en s'y préparant dès maintenant.

Commençons par le principal : l'État n'est pas votre sauveur, c'est simplement un prédateur. C'est ce principe qui doit guider TOUS vos placements et

TOUS vos réflexes concernant votre argent et vos propriétés légitimement acquises (c'est-à-dire acquises sans avoir volé quelqu'un d'autre).

Plus vos revenus et votre épargne dépendent de l'État, plus vous êtes vulnérable, fragile. Plus vous vous éloignez de l'État, et des conséquences des décisions qu'il prend pour vous, plus vous devenez « antifragile » au sens de Nassim Nicholas Taleb[105]. Une fois que vous avez ce principe en tête, tout devient un peu plus clair, même si parfois, certaines mesures ne sont pas si simples à prendre concrètement.

Précaution de principe : ce qui va suivre ne sont que des conjectures et non pas des conseils.

Vos dépôts bancaires

Il ne devrait pas y avoir trop de problèmes pour les dépôts inférieurs à 100 000 €. Les banques sont des entités désormais totalement dépendantes de la Banque centrale européenne qui ne feront donc pas faillite. En revanche, il peut y avoir un problème pour les comptes rémunérés, dits « livrets ». Car dans ce cas, les dépôts ne sont plus des « liquidités », mais les sommes sont placées sur des titres obligataires et, bien souvent, les obligations émises par votre propre banque (on n'est jamais mieux servi que par

---

[105] *Antifragile, les bienfaits du désordre*, Les Belles Lettres.

ses clients !). Or une obligation bancaire est un titre de dette émis par un acteur considéré comme appartenant au secteur privé. Il y a le précédent Unicredit en Italie où la banque a fait défaut sur ses obligations, flouant ainsi ses clients. Donc des dépôts, inférieurs à 100 000 €, mais pas de livrets.

Vos assurances-vie

Deux cas de figure. Les contrats dits en euro et les contrats dits en unité de compte.

Pour les premiers, ce que vous déposez est utilisé pour acheter de la dette de l'État français, des OAT (comme Obligations de l'Agence France Trésor). La dette française est détenue à environ 52 % par des créanciers étrangers et 48 % par les citoyens français[106]. Quand il ne peut plus payer, un État commence par faire défaut sur ses créanciers nationaux (qui ne sont pas armés) plutôt que sur les créanciers étrangers. Donc, je ne vous fais pas un dessin, c'est mort pour vos contrats en euro en cas de nouveau Bretton Woods ou de « résolution ». Sachez qu'en 2013, la Pologne, face à une attaque sur sa dette nationale libellée en zloty, avait fait défaut sur la partie de sa dette détenue par les Polonais. Les heureux détenteurs nationaux ont donc vu leurs contrats d'assurance-vie transformés en... points retraite de l'équivalent de la CNAVTS. Si cette pers-

---

[106] Source : Agence France Trésor
https://www.aft.gouv.fr/fr/principaux-chiffres-dette#detention

pective ne vous fait pas saliver, je vous comprends. Il vous reste donc les contrats en unités de compte.

Pour les seconds, les contrats libellés en unités de compte, les supports sont soit des fonds d'investissement en actions gérés par votre assureur, soit – si vous êtes très averti (mais à ce moment-là, vous n'avez pas besoin de me lire) – des titres vifs. Ce qui veut dire que vous choisissez vous-même les actions que vous mettez dans votre assurance-vie. Vous pouvez aussi mettre des parts de SCPI (des parts de fonds sur l'immobilier) dans votre contrat. Vous avez le droit de demander à votre assureur de transformer un contrat en euro en unités de compte. Avantage : vous ne perdrez pas tout. Inconvénient : vous allez devoir faire vos « devoirs à la maison », comme disait le mythique investisseur Warren Buffett, pour choisir vos supports. Passez donc à la case suivante.

Vos placements boursiers

Si vous m'avez suivie jusqu'ici, vous avez compris que le Nouveau Bretton Woods ou Grande réinitialisation était un objectif international, poussé par des technocrates, endossé par des multinationales. Ces dernières pratiqueraient un capitalisme de connivence simplifié et par conséquent plus efficace avec un gouvernement mondial. Au lieu d'avoir autant d'interlocuteurs que d'États souverains, pour leurs opérations de lobbying, elles n'auraient plus qu'un seul interlocuteur supranational. Au programme, un impôt mondial et donc une devise mondiale (un panier de devises avec une bonne dose de yuan). Misez donc sur les grandes entreprises du numérique et de la *big data*, indispensables au flicage que le recouvrement de l'impôt mondial nécessitera. Attention : je ne recommande pas de faire tapis dans ce secteur. Ces entreprises sont déjà à des valorisations hallucinantes. Je dis simplement qu'après quelques chamboulements, l'ordre nouveau les favorisera. Autre secteur qui aura l'honneur des constructivistes, tout ce qui rentre dans la fantasmagorie de la « lutte contre le changement climatique ». Oubliez évidemment les banques, l'automobile (qui achète aujourd'hui une voiture au comptant ?) et tout ce qui est acheté à crédit.

Si vous voulez faire de la résistance plutôt que d'être dans la tendance, intéressez-vous aux minières aurifères et aux entreprises leaders qui vendent des trucs vraiment utiles sans dépendre de subventions (genre Air Liquide, quelques chimistes et agrochimistes).

Immobilier

Le propriétaire immobilier est le contribuable vache à lait idéal. L'immobilier n'est ni liquide ni mobile. Le propriétaire est cloué comme une bernique sur sa pierre, donc taxable à merci. La crise sanitaire a montré la vulnérabilité de l'immobilier sous toutes ses formes : locatif, commercial, de bureaux. Avec en plus, en France, les récents appels de l'État aux propriétaires pour s'asseoir sur leurs loyers (moyennant des crédits d'impôt !). À ce rythme, le locataire idéal pour les baux d'habitation est le fonctionnaire dont le traitement reste indifférent à la conjoncture...

Pour l'immobilier locatif et de bureau, les conditions de bail sont plus souples que pour l'habitation. Mon expérience me pousse à mettre tout ce qui est possible (fonciers et toutes taxes nées ou à naître, charges locatives et même travaux) à charge du preneur, quitte à réduire le loyer initial. À la longue, vous parez mieux le dévastateur effet ciseau (charges et taxes ainsi que les travaux imposés par de nouvelles normes, frais qui augmentent bien plus vite que le loyer, quelle que soit l'indexation choisie).

En France, désormais, compte tenu de la ponction fiscale, rentabiliser de l'immobilier nécessite de recourir soit à l'emprunt (effet de levier, en terme chic de financier) soit à des montages à base de SCI sur lesquels je ne m'étendrai pas. Là aussi, faites vos devoirs à la maison, consultez votre notaire, lisez.

Organisez votre résistance

Si vous faites partie des collaborateurs à bonne conscience, des admirateurs du régime des camarades-capitalistes-chinois, inutile de lire plus loin.

Dans le cas contraire : or et bitcoin sont deux antidotes au Nouveau Bretton Woods. L'or est la monnaie démocratique que personne ne peut contrôler. Nous sommes bientôt en 2021, faites vos devoirs. Oubliez les napoléons ou les lingots de votre grand-père. Lisez et découvrez comment acheter, vendre, détenir de l'or au XXIe siècle !

Lisez et appropriez-vous le concept du bitcoin et des cryptomonnaies. Vous devez acheter comptant les unités de comptes bitcoin, le crédit n'est pas permis.

Faites en sorte de pouvoir vivre sans dépendre de l'État, sans subventions d'aucune sorte. Souvenez-vous que les subventions que vous recevez ne sont que de l'argent pris de force à d'autres. Laissez l'État à la porte de votre maison et de votre vie. Tout ceci demande du travail et de la discipline. Je sais : « de la sueur, du sang et des larmes », pour paraphraser Churchill, ce n'est pas vendeur, mais c'est la vie. Ceux qui vous promettent de l'argent facilement vous mentent. Mais si vous ne dépendez pas de l'État pour vivre, vous aurez acquis une enviable sérénité et qualité de vie. Votre note de « crédit social » – dernière invention chinoise – pourra être égale à zéro, vous n'en aurez cure.

Un indicateur signalant que le jubilé est proche

En 1980, en 2008, en 2011 et en 2020, les cours de l'or ont joué leur rôle de sentinelle. Au début de

2021, les cours sont proches des plus hauts. Pourtant, encore peu d'investisseurs institutionnels sont investis dans l'or.

Parmi ces investisseurs institutionnels, les fonds de pension sont les poids lourds de l'investissement de long terme.

En France, on a tendance à l'oublier, mais beaucoup de systèmes de retraite des pays développés sont fondés non pas sur la répartition mais sur la capitalisation. Là aussi, il existe une différence culturelle entre les buveurs de bière (plutôt favorables à la capitalisation) et les buveurs de vin (plutôt favorables à la répartition).

Dans les systèmes par capitalisation, les intérêts composés sont un élément essentiel. Les salariés versent régulièrement de l'argent et les intérêts sont capitalisés. L'argent que rapporte l'argent rapporte à son tour de l'argent. Les taux bas puis négatifs ébranlent la capitalisation. Des millions de buveurs de bière voient leur future retraite amputée. Un défaut sur une partie des dettes que détiennent ces fonds serait catastrophique. Un des moyens possibles pour les gérants de se couvrir est d'investir dans l'or.

C'est pourquoi toute augmentation de la part de l'or que détiennent ces fonds devrait être vue comme un signe précurseur de fuite devant la monnaie et de remise à zéro.

CHAPITRE 15

Pour retrouver une monnaie civilisée

Le seul échange honnête et civilisé est celui qui n'est pas contraint. En trafiquant la monnaie, les banquiers centraux nous forcent à des échanges faussés, contraints, gagnant-perdant.

Le contrôle de la monnaie est tyrannique. Ce n'est d'ailleurs pas un hasard si dans les pays totalitaires, la monnaie n'est pas convertible.

Les banquiers centraux, par l'usage abusif du crédit infini et quasi gratuit, ont nationalisé les marchés financiers, au moins dans leur partie la plus importante : les marchés obligataires. À la prochaine crise, ces mêmes banquiers centraux – qui contrôlent la monnaie – seront mis sur la sellette ; la confiance, qui est l'unique assise de nos monnaies, sera ruinée.

Cette fois n'est pas différente, comme le montrent 5 000 ans d'Histoire. Notre époque est tristement banale.

La prochaine crise monétaire fera redécouvrir un principe millénaire : la dette doit avoir une limite. À défaut, on crée une société d'esclaves.

Les abus des banquiers centraux nous ont conduits à des absurdités tels que les taux négatifs et l'endettement des générations à venir. Or jamais dans l'Histoire une génération n'a accepté de trimer pour éponger le passif financier de la précédente. Même les traités de réparations de guerre portant sur plusieurs générations se sont mal terminés, soit par un défaut soit par une autre guerre.

L'institut Bruegel a sorti en 2018 une réflexion intitulée : « *Les libertés économiques et politiques sont-elles étroitement liées ?* »[107]

Si votre premier réflexe a été de répondre « *bien sûr que oui !* » dans un haussement d'épaules, réfléchissez-y à deux fois.

« *Au début du capitalisme (XVIIIe, XIXe et même début du XXe siècle), une économie de marché (avec un rôle très restreint du gouvernement) s'accompagnait de régimes politiques qui, selon les critères d'aujourd'hui, étaient soit non démocratiques, soit partiellement démocratiques. Ceci a progressivement changé au cours du XXe siècle, la plupart des pays à hauts revenus ayant adopté à la fois des régimes démocratiques et une économie de marché.*
[...]

---

[107] https://www.bruegel.org/2018/10/are-economic-and-political-freedoms-interrelated/
Article qui cite par ailleurs trois autres études.

Néanmoins, il n'y a pas d'exemple historique de démocratie stable sans économie de marché prédominante fondée sur la propriété privée. Les rêves utopiques de planification centrale démocratique ne se sont jamais matérialisés. »

La concurrence ne se limite pas à l'économie, elle doit aussi toucher le domaine politique, celui des idées. En économie, le marché tranche, en politique, les électeurs tranchent, mais dans les deux cas, il devrait y avoir une vraie concurrence. Dans les deux cas, laisser l'ordre spontané s'imposer est source de prospérité. La prospérité ne peut s'épanouir que dans la paix, pas dans la guerre, le pillage ou la spoliation même organisée par l'État.

Lorsqu'un banquier central trafique une monnaie (ou le crédit, puisque c'est devenu la même chose), il commence par fausser la concurrence, altérer l'économie, mais il va aussi altérer la politique ; la fuite devant la monnaie, l'inflation généralisée des prix et les troubles sociaux qui s'ensuivent ne sont que le résultat de la défiance qui remplace la confiance.

Or, le rêve de la bureaucratie internationale, de la parasitoctratie, serait de s'affranchir de toute concurrence en instaurant une monnaie mondiale et une gouvernance mondiale… La concurrence des idées politiques ne sera plus possible avec un gouvernement mondial et nous basculerons dans une tyrannie orwellienne.

N'oublions pas qu'une monnaie mondiale peut très bien exister sans une armée de fonctionnaires internationaux et un gouvernement mondial. Elle a déjà existé !

À partir d'une histoire multimillénaire, l'or et l'argent ont spontanément émergé comme monnaies sans se préoccuper des frontières politiques. Les monnaies sans frontières sont les plus aptes à garantir la liberté et la propriété, indépendamment du régime politique. Inversement :

« À partir du moment où les citoyens acceptent l'étalon-papier émis par l'État, il n'y a plus aucune entrave théorique ou pratique à leur exploitation et leur asservissement absolu – même sous la meilleure des constitutions. »

Roland Baader[108]

Depuis la fin des accords de Bretton Woods et l'ère du créditisme, nous subissons une phase de déconstruction systématique de la monnaie indépendante.

La monnaie redevient du crédit pur, comme du temps d'Hammurabi, 3 000 ans av. J.-C., comme avant que l'usage des monnaies métalliques ne se diffuse (environ 1 000 av. J.-C.). Il n'y a pas de li-

---

[108] MSC d'économie, élève du prix Nobel Hayek, auteur de *Geld, Gold und Gottspieler* (*Monnaie, Or et se prendre pour Dieu*), publié en 2005 et sous-titré : *À la veille de la première crise économique mondiale*.

mite à la dette, ce qui est le ferment d'une société d'esclaves. Nous sommes les cobayes d'une expérience monétaire sans précédent.

« *Raconte-moi le passé et je connaîtrai le futur* », disait Confucius.

Dans cette future crise monétaire et ce jubilé, une extraordinaire quantité d'épargne investie sur la dette et des promesses vides sera détruite.

Quel sera le futur système monétaire ? Renouera-t-il avec la relique barbare selon Keynes, l'or ? Reposera-t-il sur des réseaux décentralisés, privés, en concurrence, dont Bitcoin serait une première esquisse qui va se raffiner ?

Si vous pensez avoir la réponse à ces questions, vous avez probablement tort. S'il est honnête, le prochain système monétaire ne sera pas « constructiviste », le résultat de la fermentation du jus de crâne de quelques hauts fonctionnaires du FMI ou de la Banque mondiale. Il sera issu de l'ordre spontané. L'ordre spontané né de la liberté est supérieur à tout ordre imposé.

La liberté « *n'est pas la fille mais la mère de l'ordre* », écrivait Proudhon. C'est la liberté qui engendre l'ordre et la stabilité, pas la contrainte qui n'engendre que violence et misère.

Bibliographie

Pour ceux qui voudraient se familiariser avec l'École autrichienne d'économie ou qui souhaiteraient approfondir certains sujets, voici une liste d'ouvrages et de liens que j'ai trouvé utiles :

Concernant l'École autrichienne d'économie

Friedrich von Hayek
La route de la servitude. Le livre emblématique, écrit en Angleterre et paru en 1944, trente ans avant que l'auteur ne soit « nobélisé ». Dense analyse de ce qui ne marche pas avec le « planisme » et le « constructivisme » communiste, national-socialiste, socialiste ou même conservateur.

Ludwig von Mises
L'Action humaine, Traité d'économie. Publié en 1949, l'édition originale s'étale sur 1 000 pages. L'abrégé, réalisé par Alain Laurent et publié par Les Belles Lettres, permet de s'imprégner des grandes idées de l'auteur.

Sur les systèmes monétaires, la monnaie, l'inflation

Frédéric Bastiat
Maudit Argent ! Publié dans le Journal des économistes en 1849. Figure dans les œuvres complètes de cet économiste qui écrit avec beaucoup d'humour dans un français savoureux.

Philippe Simonnot et Charles Le Lien
La monnaie, histoire d'une imposture. Éditions Perrin, 2012.

Nicolas Buat et Alain Laurent
John Law, La dette ou comment s'en débarrasser. Les Belles Lettres, 2015.

Philippe Herlin
Pouvoir d'achat, le grand mensonge. Eyrolles, 2018. Minutieux travail d'enquête qui permet de comprendre comment le pouvoir d'achat s'évapore sans qu'il y ait d'inflation officielle.

Sites utiles pour suivre les grands agrégats économiques

https://tradingeconomics.com
Tous les indicateurs économiques par pays agrégés à partir des sources officielles (banques centrales, Eurostats, Fonds monétaire international, OCDE, Banque des règlements internationaux).

https://www.iif.com/Research/Capital-Flows-and-Debt/Global-Debt-Monitor
Le global debt monitor est sur abonnement pour les professionnels. Mais n'importe qui peut accéder aux communiqués de presse donnant les grandes tendances relevées par l'Institute of International Finance.

https://www.visualcapitalist.com
Beaucoup de données économiques sous une forme graphique attrayante.

PREMIÈRE PARTIE : 30 siècles de construction monétaire 13
  CHAPITRE 1 : Au commencement était le troc et le crédit donc la dette 15
  CHAPITRE 2 : Limite de la dette et premières manipulations monétaires 39
  CHAPITRE 3 : Le débat sur la valeur de la monnaie 57
  CHAPITRE 4 : Avilissement de la monnaie et flambée des prix 71
  CHAPITRE 5 : La mauvaise monnaie chasse la bonne 93
  CHAPITRE 6 : Bilan de 30 siècles de tâtonnements 101

DEUXIÈME PARTIE : LA TYRANNIE PAR LA MONNAIE 103
  CHAPITRE 7 : De la monnaie aux « systèmes monétaires » 105
  CHAPITRE 8 : Des banques aux banques centrales 123
  CHAPITRE 9 : La rupture progressive de la monnaie avec l'or 157
  CHAPITRE 10 : Bancarisation et crédit infini 175
  CHAPITRE 11 : L'inflation avec les monnaies métalliques et fiduciaires 189
  CHAPITRE 12 : Le cimetière des unions monétaires 209
  CHAPITRE 13 : XXIe siècle – Taux négatifs et naissance de Bitcoin 227
  CHAPITRE 14 : Le jubilé ou l'esclavage 263
  CHAPITRE 15 : Pour retrouver une monnaie civilisée 295

Dans la même collection

www.lesprosdeleco.com

Articles, interviews, vidéos : le site Internet vient en appui de la collection de livres économiques du même nom.

Suivez **JDH Éditions** sur les réseaux sociaux pour en savoir plus sur les auteurs, les nouveautés, les projets…

Découvrez notre boutique en ligne sur
www.jdheditions.fr